JN201429

読んで
みよう！

もしものときの
防災ブックガイド

小中学生のための500冊

舩木伸江 監修

日外アソシエーツ

編集担当：木村 月子／鈴木 瑞穂

装 丁：赤田 麻衣子／カバーイラスト：丸山 潤

まえがき

　皆さんは、災害への備えをしていますか。近年、いろいろな災害が発生しています。2024 年は 1 月 1 日に能登半島地震が発生、豪雨による被害も毎年のように起こっています。日本に住む私たちには、災害を知り、被害を少しでも軽減するための学びは必要不可欠なものになっています。

　では、災害に備えてどんなことをしておけばいいのでしょうか。スポーツに例えると、災害は本番＝試合です。試合に勝つためには、おそらく練習をするでしょう。その際には、相手チームの弱点を探したり、守備を強化するための特訓もするでしょう。チームワークを強化することも必要になってきます。災害への備えも同じです。地震や津波、台風などの災害の起こり方を知り、被害を出さない方法や最小限に食い止める方法を学んだり考えたりします。そして自分の弱点（まだ十分に対策できていない部分）を見つけ、強化する（＝備える）ことも必要です。過去の災害被害から予測を立てることも重要になってきます。そのためには、私たちは、災害を知り、過去の災害被害とその教訓を学ぶ必要があります。

　1995 年に発生した阪神・淡路大震災以降、大災害が起こるたびに、たくさんの防災・減災を学ぶ本が刊行されてきています。本書では、主に、東日本大震災が発生した 2011 年以降に刊行された防災・減災の図書 500 冊が収録されています。特に、児童・生徒が自分で災害や防災について学ぶことができる図書を中心に選定されている点が特徴の一つです。防災はどうしても難しいと思われがちですが、わかりやすく説明されている図書を見

ることで、教師や保護者も子どもたちとともに学ぶことができます。また、災害の写真集や体験談を見たり読んだりすることで、災害の被害を実感することもできます。

　被災された方は、必ず、「まさか自分が被害にあうとは思わなかった」「○○をしておけばよかった」という後悔の言葉を言われます。災害が起こった時に、知っておいてよかった、やっておいてよかった、と思う知識が防災の図書の中にはたくさんあります。防災教育は、かけがえのない「命」を守る教育です。多くの防災の知識を子どもたちに届けるために本書を活用していただければ幸いです。

　　　2024 年 10 月

　　　　　　　　　　　　　　　　　舩木 伸江

目　　次

防災教育　活動事例

 防災教育は小さな頃から行うことで防災意識が芽生えます

神戸市立やまびこ幼稚園での親子研修

「BOSAI カード X」（p112 掲載）を使って、
学生ボランティアとゲーム

阪神・淡路大震災の追悼

防災の本を見る子どもたち

非常食を食べてみよう！

凡　　例

1．本書の内容

　　本書は、小中学生や教師、保護者等が災害・防災について学ぶために関連する図書を、カテゴリ別に記載したブックガイドである。

2．収録対象

（1）2011（平成 23）年以降に刊行された災害・防災に関する図書のうち、児童書、親子向きの一般書、災害写真集など 590 冊を収録した。

（2）ただし、体験談・読み物などについては 1995（平成 7 年）年に発生した「阪神・淡路大震災」以降に刊行された図書も含まれている。

3．記載事項など

（1）分類見出し

・全体を「自然災害について」「防災について」「災害に関する読み物」の 3 つに分け、それぞれの下に中見出し・小見出しを設け、関連する図書を収録した。

・同一見出しの下では、書名の読みの五十音順に排列した。

（2）図書データ

・図書の中には現在品切れ、重版未定等の図書も含まれている。図書館等の蔵書も検索されたい。

（3）図書の記述

　　記述内容および記載順序は以下の通りである。

『書名―副書名　巻次　各巻タイトル等』
　著者表示
　　目次
　　内容
　　出版社　出版年月　ページ数または冊数、大きさ（叢書名
　　叢書番号）、定価（刊行時等）、ISBN（①で表示）、NDC（Ⓝ
　　で表示）

４．書名索引

　各図書を書名の五十音順に排列し、所在を掲載ページで示した。

５．参考資料

　図書の書誌事項はおもにデータベース「BookPlus」に拠ったが、必要に応じて「TRC MARC」も参照した。また、掲載に当たっては適宜編集部で記述形式などを改めたものもある。

自然災害について

『SDGsで考える日本の災害〔1〕(地震・津波)』

藤岡達也著

目次 序章 SDGsでとらえる地震・津波，1 海溝型地震と津波，2 活断層型地震，3 大地震からの復興，4 複合災害としての原子力発電所事故，5 日本から世界に発信するBOUSAI，6 災害時にわたしたちができること

大修館書店　2023.6　63p　27×20cm　3200円　Ⓝ369.3　Ⓘ978-4-469-26959-8

『空想科学「理科」読本 エネルギー・地球編』

柳田理科雄作，NOEYEBROW絵

目次 身近な力・光・音を空想科学する（ウルトラマンの「力」は、どんな形で表れている？―力の働き，ヒーローたちは、どんな力で戦っているのか？―力の種類，地球では強いウルトラマン、故郷では寝たきり！？―力の大きさと単位，宇宙戦艦ヤマトの乗組員は、とんでもない力持ちだった？―質量と重さ，ルフィの腕の弾性力はどれくらい？―ばねに働く力と伸び ほか），地球と大地を空想科学する（東京フライパン作戦は成功するか？―火山の噴火，5体もいる宝石タイプのジバニャン。どうやって生まれた！？―火成岩のつくり，マグニチュード20の地震を起こす怪獣モグネチュードンとは？―地震，噴火と地震を腕力で止めたスーパーマンの無謀！―噴火と地震の予知と対策，太平洋の島に、金、銀、鉄の地層を発見！『海底軍艦』の謎―地層のでき方 ほか）

内容 ヤマトの乗組員たちが宇宙で機雷を動かすのに使った力は、どれくらい？身長10センチの少女アリエッティの声は何ヘルツ？みんなが大好きなアニメとマンガで、科学の疑問をぶつける柳田先生が開く理科特別講義―『空想科学「理科」読本』が、青い鳥文庫になったよ！質量、重力、浮力、圧力、光と音、火山、地震、地層など、物理と地学の基礎がまるわかり！小学上級・中学から。

講談社　2021.4　185p　18cm（講談社青い鳥文庫）　720円　Ⓝ400　Ⓘ978-4-06-523161-6

『災害を知る』

オオタヤスシマンガ・イラスト

内容 皆さんも災害が怖いものだと知っていても、ふだんはあまり意識していないと思います。でも、何も起こっていない時に知識を深めておかなければ、い

ざという時に冷静に行動することができません。この本では、台風やゲリラ豪雨から噴火や高潮まで、日本で発生する災害を幅広く紹介しています。この本を読んで、災害の種類と仕組みを理解し、日頃から防災意識を高めていきましょう。

旺文社　2020.9　127p　21cm　(学校では教えてくれない大切なこと32)　850円　Ⓝ369.3
Ⓘ978-4-01-011297-7

『知ろう！防ごう！自然災害〔1〕（地震・津波・火山噴火）〈増補改訂版〉』
佐藤隆雄監修

目次 地震（地震はこうしておきる，地震によっておきる災害（一次災害），地震によっておきる災害（二次災害），地震への備え，地震がおきたときには），津波（津波はこうしておきる，津波によっておきる災害，津波への備え，津波がおきたときには），火山噴火（火山噴火はこうしておきる，火山噴火によっておきる災害，火山噴火への備え，火山噴火がおきたときには）

内容 さまざまな自然災害が起きる原因、被害の内容、備え、発生時の対応をビジュアルに紹介。1は、地震、津波、火山噴火といった地球内部のエネルギーによって起きる自然災害を取り上げる。東日本大震災の項目を加えた増補改訂版。

岩崎書店　2012.3　51p　29cm　3000円　Ⓝ369.3　Ⓘ978-4-265-03394-2

『知ろう！防ごう！自然災害〔2〕（台風・強風・豪雪・洪水）』
佐藤隆雄監修

目次 台風（豪雨はこうしておきる・台風はこうして発生する，台風と豪雨による災害，台風と豪雨への備え，台風・豪雨のときには，もっと知ろう！ 雷），強風（強風はこうしてふく，強風による災害，強風への備え，強風のときには），豪雪はこうしておきる（豪雪はこうしておきる，豪雪による災害，豪雪への備え，豪雪のときには，もっと知ろう！ 洪水）

内容 さまざまな自然災害が起きる原因、被害の内容、備え、発生時の対応をビジュアルに紹介。2は、台風、強風、豪雪、洪水といった大気中の現象によって起きる自然災害を取り上げる。

岩崎書店　2011.3　47p　29cm　3000円　Ⓝ369.3
Ⓘ978-4-265-03392-8

『知ろう！防ごう！自然災害〔3〕（世界の自然災害と取り組み）』

佐藤隆雄監修

目次 世界の自然災害（地震・津波，火山噴火，風水害，そのほかの自然災害），国際社会の取り組み（国際連合，アジア防災センター，国際赤十字，国境なき医師団（MSF），世界の防災ネットワーク），日本の取り組み（技術協力，資金協力）

内容 さまざまな自然災害が起きる原因、被害の内容、備え、発生時の対応をビジュアルに紹介。3は、世界各地で起きている自然災害とともに、自然災害への国際社会と日本の取り組みを紹介する。

岩崎書店 2011.3 47p 29cm 3000円 Ⓝ369.3
Ⓘ978-4-265-03393-5

『新・日本のすがた〔8〕（自然・防災・都市・産業）』

帝国書院編集部編集

内容 中学校地理教科書に合わせて、地方ごとに特徴を詳しく解説。それぞれの地方ごとの自然、歴史・文化、都市、人口、産業などを理解することができる。

帝国書院 2021.3 79p 27cm（帝国書院地理シリーズ） 3900円 Ⓝ291
Ⓘ978-4-8071-6547-6

『図解 日本列島100万年史〔2〕（大地のひみつ）』

山崎晴雄，久保純子監修

目次 リアス海岸は山と谷だった，海面が上がった「縄文海進」，三内丸山遺跡からわかる縄文海進，大噴火で南九州が壊滅状態に，富士山がくずれて形がかわった！，足柄平野に富士山の泥流がきた！，富士山最大の火口を生んだ宝永噴火，今も続く火山活動，富士山はいつ噴火してもおかしくない！，7世紀の白鳳地震が起こした地殻変動，プレート境界地震と陸域の浅い地震，東日本大震災と津波でわかった地形，人が地形をかえた1（利根川のつけかえと江戸城下町のうめたて），人が地形をかえた2（たたら製鉄が出雲平野をひろげた），変化しつづける日本列島

講談社 2018.2 47p 28×22cm 3200円 Ⓝ450.91 Ⓘ978-4-06-220779-9

『図解 身近にあふれる「自然災害」が3時間でわかる本』

左巻健男編著

目次 第1章 気象災害にあふれる日本（日本の天気の特徴と気象災害，ゲリラ豪

雨と集中豪雨の違いって何？　ほか），第2章　ゆれる！地震大国（多発する日本列島の地震災害，震度とマグニチュードの違いって何？　ほか），第3章　火を噴く！火山列島（火山にあふれる日本列島と火山災害，マグマが噴火するしくみはどうなっている？　ほか），第4章　命を守る！災害対策（自然災害への最低限の備え，ハザードマップの活用法　ほか）

明日香出版社　2021.9　239p　19cm（アスカカルチャー）　1500円　Ⓝ450.98
Ⓘ978-4-7569-2168-0

『ぜったい理科がすきになる！』

左巻健男監修

目次 生命・粒子―カワセミと新幹線の意外な関係は…，地球―台風の正体見つけた！，エネルギー―電気はどこからくるの？，粒子―ポーズを決めたアシカの体重は？，生命―動けない植物だけど，自分の体を守っている！，地球―スーパームーンが見られるのは？，エネルギー―リニアモーターカーには線路がない！，粒子―水はすがたを変えて地球を回っている，生命―昆虫の「変身」の意味は…，地球―地震が起こるのは地球が生きている星だから，エネルギー―指1本でアフリカゾウを持ち上げる！？，粒子―ろうそくはどこが燃えているの？，生命―人は毎日生まれ変わっている！，地球―空の高さはどのくらい？，エネルギー・粒子―おかしのふくろがふくらむわけは…，生命―地球上のいのちはみんなつながっている！，地球―溶岩は地下10kmのところからくる！？，粒子―花の色がちがうのは？

フレーベル館　2017.3　47p　27×22cm（ぜったいすきになる！〔3〕）　3400円　Ⓝ375
Ⓘ978-4-577-04468-1

『地球』

猪郷久義，饒村曜監修

目次 地球の誕生と歴史，地球のつくり，火山と地震，大地と海のすがた，地球の大気，気候，地球の今

内容 天気・気象、地球環境、歴史。迫hi力の写真と図解！地球がわかる新図鑑！

学研プラス　2016.9　199p　29×22cm（学研の図鑑LIVE）　2200円　Ⓝ450
Ⓘ978-4-05-204427-4

『地図から「よのなか」を見てみよう！―わたしのまちが好きになる、47都道府県がよくわかる〔5〕（大事だね！地図からわかる&考える防災と安全)』

加藤哲三，小林みゆき監修

目次 1 日本でおこったさい害（しん源と活火山，おもな地しんや火山さい害，おもな風水害），2 さい害のしくみと身の守り方（地しんがおきたら，つ波からにげるには，火山のふん火によるひ害，かみなりやたつまきのひ害，大雨によるひ害，大雪によるひ害，地球は生きている！），3 交通安全と防災（交通安全マップをつくろう，防災マップをつくろう，さい害とそれをふせぐしくみ，さい害にたちむかう人びと，家族みんなで「今できること」を話し合おう，防災体験しせつに行こう！）

旬報社　2015.11　32p　31cm　2500円　Ⓝ291　Ⓘ978-4-8451-1422-1

『地底大魔王の謎──地震・火山と資源・環境がわかるゲームコミック』

藤子F・不二雄原作，たかや建二著

目次 ゲーム1 地底大魔王をさがせ！，ドラえもん地球百科1 プレートの交差点にある地震国日本，ゲーム2 石油をとりもどせ，ドラえもん地球百科2 石油は私たちの大切な資源，ゲーム3 地球の環境を守れ，ドラえもんの地球百科3 地球環境問題を考えよう

小学館　1995.7　79p　21cm（ドラえもん学習ゲームブック〔2〕）　800円　Ⓝ450
Ⓘ4-09-296552-4

『天気・地球のなぞ21』

毎日小学生新聞編集部著，うちやまだいすけ画

目次 雲はなにでできているの？，雪はどこからふってくるの？，かみなりはなぜゴロゴロ鳴るの？，虹がまるくみえるのはなぜ？，天気のことわざはあたるの？，波の高さはなぜわかる？，台風はなぜぐるぐるまわるの？，梅雨はなぜあるの？，たつ巻はどうしてできるの？，酸性雨はどうしてふるの？，黄砂の招待はなに？，地球にはどうして海があるの？，地球にはどれくらい水があるの？，海は動いているの？，温暖化で海の水がふえる？，南極大陸でなにをしらべるの？，地球のなかはどうなっているの？，火山はどうして噴火するの？，季節によって昼の長さがちがうのはなぜ？，月の形がかわるのはどうして？，正座と惑星のふしぎ

内容 まずは、本をひらいて最初に、もくじをみてみよう！知っているようで知らないことがたくさんあるはず。「そういえば、なぜ？」とおもったらそのページへいってみよう！みひらき1面でなるほどナットク。右にマンガ、左に文章、どちらでもすきなほうから、よんでみて。その「なぜ？」が解決したら関連するページにジャンプ！おもいがけない「なぞ」と「なぞ」がつながって、あっとおどろく発見があるかも！？小学校中学年から。

偕成社　2009.3　47p　31×28cm（毎日小学生新聞マンガで理科きょうのなぜ？〔1〕）
2400円　Ⓝ404.9　Ⓘ978-4-03-544210-3

『天変地異がまるごとわかる本』

地球科学研究倶楽部編

目次 1 地震と津波（大地が人類に牙をむくとき—世界を襲った巨大地震，プレートの力が引き起こす現象—地震のメカニズム ほか），2 火山（地球の内部に眠る恐るべきパワー—世界の火山地帯と噴火の種類，マグマが生み出す現象とそのしくみ—火山噴火のメカニズム ほか），3 台風と竜巻（毎年日本にやってくる巨大な暴風雨—台風の発生とメカニズム，接近するだけでも災害を引き起こす—台風がもたらす被害 ほか），4 異常気象（ゆるやかに進行する天変地異—異常気象とはどういうものか？，局所的に激烈な降雨が襲う—集中豪雨とゲリラ豪雨 ほか），5 さまざまな災害（隕石の落下が示す恐ろしい可能性—小惑星が地球に衝突する日，広大な宇宙を旅する天体—巨大彗星が天変地異を呼ぶ？ほか）

内容 巨大地震から隕石の落下まで襲いくるさまざまな自然災害をひとまとめ！

学研パブリッシング，学研マーケティング〔発売〕 2013.8 127p 21cm 552円
Ⓝ450.98 Ⓘ978-4-05-405761-6

『長沼毅の世界は理科でできている—自然』

長沼毅監修

目次 地球の誕生，地表の誕生，海，大陸，山，火山，川，地層，地震，太陽と気温，太陽の光，雲，雨・雪，台風，極地，気候変動，鉄

ほるぷ出版 2013.12 40p 30cm 2800円 Ⓝ400
Ⓘ978-4-593-58682-0

『7歳までに知っておきたいちきゅうえほん—きみのすむせかいを知るぼうけんにようこそ！』

アリス・ジェームズ文，ステファノ・トネッティ絵，岡田良惠訳

目次 みんなのちきゅうへ，ようこそ！，ちきゅうというほし，りくとうみ，せかいのちいき，せかいのうみ，国，人のすむばしょ，しぜんかい，天気，火山とじしん，ちずをつかおう，どうやって，たどりつこう，どんなところに，すんでいるの？，みんなのちきゅうをまもろう，みんなでいっしょに，国のなまえと国き，ことばのせつめい

内容 きみは，じぶんがくらしているちきゅうのこと，どのくらい知ってる？このちきゅうには，どんなたいりくやうみがあるのかな。さむいところにあついところ，気こうもいろいろだ。せかいのことを知れば，きみのすんでいるばしょのとくべつなところがだんだん見えてくる。さあ，本をめくって，せかい一周のぼうけんに出かけよう！かわいいイラストで楽しく読みすすめられる！

身のまわりを観察！考える力を育てるワーク。はじめて自分のすむ世界を知るきっかけになる入門絵本。

Gakken　2024.6　80p　25cm（Gakken　STEAMえほんシリーズ）　1600円
Ⓝ450　Ⓘ978-4-05-205867-7

『日本列島の歴史と地理』

田代博監修，稲葉茂勝著

目次 1 日本列島はこうしてできた，2 日本列島の構造，3 伊豆半島と伊豆諸島のひみつ，4 日本列島付近の海溝とトラフ，5 プレートと地震，6 九州・南西諸島と台湾，7 対馬と朝鮮半島のなりたち，8 北海道と樺太，9 恐竜とマンモス，10 世界地図のなかの日本列島，11 地震・火山の噴火による大災害

あすなろ書房　2017.12　31p　30cm（日本の島じま大研究〔1〕）　2800円　Ⓝ291
Ⓘ978-4-7515-2891-4

『ビジュアル地球探検図鑑─おどろくべき大地の姿とメカニズム』

ジョン・ウッドワード文，イアン・スチュワートコンサルタント，田近英一日本語版監修

目次 かけがえのない地球，大地が見せる衝撃の構造，火と水蒸気，氷が生んだ景観，水がつくる世界，激しい気象現象，災害の現場，命をはぐくむ地球

内容 地球を動かす大地のメカニズムを、貴重な写真と最新のCGイラストでわかりやすく解説。地球のさまざまな自然や自然現象を紹介し、それらをより深く理解するためのヒントを解説している。

ポプラ社　2018.11　207p　31×26cm　6800円　Ⓝ450　Ⓘ978-4-591-15964-4

『みんなが知りたい！自然災害のすべて─日本でおきる災害のしくみから防災へのとりくみまで』

菅井貴子著

内容 知っておきたい！防災への対策といざという時の行動。災害はなぜ起こる？メカニズムを解説。気象情報やハザードマップのチェックの仕方。地域や家が被災したら？避難所での生活や復旧までの道のり。調べ学習に役立つ！写真&図解でくわしく解説。

メイツユニバーサルコンテンツ　2023.8　128p　21cm（まなぶっく）　1720円　Ⓝ450.98
Ⓘ978-4-7804-2804-9

『理科が楽しくなる大自然のふしぎ 絶景ビジュアル図鑑』

神奈川県立生命の星・地球博物館監修

目次 1章 大地（火山と噴火—おそるべきマグマの怒り，火口とカルデラ—火口にせまるあやしい湖 ほか），2章 宇宙（日食と月食—大地に闇を連れて来る黒い太陽，オーロラのしくみ—地球を守る戦いの光 ほか），3章 水（潮の満ち引き—しずみゆく巨大遺跡？，川のはたらき—岩山を囲むドーナツ池？ ほか），4章 気象（スーパーセルと竜巻—大嵐を連れて来る不気味なUFO？，氷と雪の現象—湖にさき競う氷の花 ほか），5章 生き物（サンゴ礁の世界—命をはぐくむ海のネックレス，群れをつくる理由—集まる・群れる・いっしょに動く ほか）

Gakken 2018.2 127p 31×24cm 6000円 Ⓝ450 Ⓘ978-4-05-501245-4

◇地震・津波のしくみ

『いつ？どこで？ビジュアル版 巨大地震のしくみ〔1〕（地震はなぜ起きるの？）』

海洋研究開発機構（JAMSTEC）監修，佐久間博編著

目次 過去に起きた巨大地震，日本列島を襲ったさまざまな巨大地震，地震はどうして起こるのか？，なぜ日本は地震が多いのか？，海溝型地震（プレート境界型地震），南海トラフ，海洋プレート内地震，内陸型地震，首都直下地震，マグニチュードと震度，ただいま，調査研究中！！，Q&A

汐文社 2019.10 39p 27×22cm 2500円
Ⓝ453 Ⓘ978-4-8113-2634-4

『いつ？どこで？ビジュアル版 巨大地震のしくみ〔2〕（調査の現場を見にいこう！）』

国立研究開発法人海洋研究開発機構（JAMSTEC）監修，佐久間博編著

目次 世界のプレートと日本周辺のプレート，海溝型地震はどこで起きる？，巨大地震の解明に向けて！，地球深部探査船「ちきゅう」の活躍！，地球深部を掘削して地殻の活動を探る！，「ちきゅう」の掘削をサポートする！，JAMSTECの潜水調査船，ただいま潜航中！，JAMSTECの調査活動を支える最先端機器，海中や海底をくまなくネットする！，Q&A

汐文社 2020.2 39p 27×22cm 2500円 Ⓝ453
Ⓘ978-4-8113-2635-1

『いつ？どこで？ビジュアル版巨大地震のしくみ〔3〕（地震！そのとき！！防災チェック）』

佐久間博編著

目次 自分の住む町の危険度ランクを知ろう！，南海地震の最大震度と津波の高さは？，南海地震と首都直下地震の被害想定は？，巨大地震によるさまざまな災害と心理，『防災編』地震が来る前にしておくこと（心の準備，事前対策，地震発生時の初期行動），『救命編』生き延びるテクニック（避難ルートの確認，TPO（それぞれの場所での対処），誰にでもできるサバイバル術），内陸部と海沿いの人たちの準備と行動，もう一度！覚えておこう防災標語，Q&A

汐文社 2020.3 39p 27cm 2500円 Ⓝ453 Ⓘ978-4-8113-2636-8

『海まるごと大研究〔5〕（海とともにくらすにはどうすればいい？）』

保坂直紀著，東京大学海洋アライアンス協力，こどもくらぶ編

目次 1 わたしたちのくらしと海（里海をつくる，海で発電する，砂浜が消える，海のよごれ，プラスチック汚染），2 津波を知る（地震と海，津波がおきるしくみ，津波と波の高さ），3 高波・高潮を知る（高波って，どういう波？，高潮への注意）

講談社 2016.2 31p 29×22cm 2800円 Ⓝ452 Ⓘ978-4-06-219621-5

『カラー図説 高潮・津波がわかる──沿岸災害のメカニズムと防災』

柴山知也著

目次 第1章 沿岸域の災害，第2章 津波の性質，第3章 高潮・高波の性質，第4章 沿岸災害の実例，第5章 沿岸災害の数値シミュレーション，第6章 沿岸災害の水理模型実験，第7章 地域ごとの災害マップ，第8章 他の自然災害との対比，第9章 どのように沿岸災害から身を守るか

朝倉書店 2023.8 131p 21cm 3000円 Ⓝ369.31 Ⓘ978-4-254-16079-6

『巨大地震──なぜ起こる？そのときどうする？』

京都大学防災研究所著

目次 序章 写真で見る巨大地震の恐怖（東日本大震災，四川大地震 ほか），第1章 史上最悪東日本大震災（2011年3月11日 その日に何が起きたのか，なぜ巨大地震は起きたのか ほか），第2章 巨大地震のなぞにせまる（世界をおそう巨大地震，なぜ日本は地震が多いのか ほか），第3章 巨大地震サバイバル（地震研究最前線，もしもからいつもへ 巨大地震への備え ほか）

PHP研究所　2014.2　63p　29cm　（楽しい調べ学習シリーズ）　3000円
Ⓝ453　Ⓘ978-4-569-78378-9

『巨大地震をほり起こす―大地の警告を読みとくぼくたちの研究』

宍倉正展著

目次　第1章 大地はおもしろい（専門は「古地震学」，ふしぎがいっぱい，地学を学ぶ，大学での勉強，地形を研究する，研究所に入って，津波堆積物の研究），第2章 地震のきそちしき（地震の定義とことば，地震のエネルギーはどこから？，いろいろな地震，日本に地震が多いわけ，地震の副産物，予知はできるんか，地震のかんし体制，科学的に考える），第3章 研究の現場（ぼくたちの研究，太平洋岸を調査する，古文書の存在，地図と航空写真，あなをほる準備，いろいろな苦労，地層ぬき取り，津波から地震にせまる，分せきをする，想定外はありません，急に高まった関心，チリ、そしてインドネシアの地震と津波，化石で調べる，宝さがしのように），第4章 地震に負けないために（あの日，地震のあと，日本でくらしていくということ）

少年写真新聞社　2012.4　141p　21cm　（ちしきのもり）　1500円　Ⓝ453.21
Ⓘ978-4-87981-428-9

『地震による大地の変化』

鎌田浩毅監修

目次　地震（地震は大地のかたちを変える，地震のおこり方は2通り，日本で地震が多い理由，活断層がある場所は危険！，知っておこう 東日本大震災とは，過去の地震―おもな大地震，未来の地震―南海トラフ，地震がおこったら，地震にそなえて準備を），大陸移動（大昔、大陸は1つだった，大陸を動かすのはプレート，プレートを動かすのは熱），日本列島のでき方（大陸からちぎれてできた，火山の噴火が大地をつくった，伊豆半島が本州にぶつかった，北海道や瀬戸内海が生まれた，海だった場所が陸になった，地形は変わりつづけている，日本はまた大陸にくっつく？行ってみよう ジオパークに行ってみよう）

岩崎書店　2021.12　47p　29×22cm　（日本の大地　つくりと変化〔4〕）　3000円
Ⓝ454.91　Ⓘ978-4-265-08964-2

『地震のはなしを聞きに行く―父はなぜ死んだのか』

須藤文音文，下河原幸恵絵

目次 第1章 どうして地震がおきるの？―松澤暢先生に会いに行く，第2章 地震の歴史を知りたい―寒川旭先生に会いに行く，第3章 どうやってそなえる？―河田惠昭先生に会いに行く

内容 地震はどうしておこるの？今までにどんな地震があったの？防災ってどんなこと？父が死んだ理由にすこしでも近づくために、地震や津波のことをもっと知りたい―。小学校高学年から。

偕成社 2013.3 137p 22cm 1400円 Ⓝ453 Ⓘ978-4-03-645050-3

『地震はなぜ起きる？』

鎌田浩毅著

内容 東日本大震災から10年。若い世代には当時の記憶をもたない人も増えてきました。大地震はまた必ず起こります。しかしその科学的メカニズムを理解して適切に備えれば、被害はおさえられるのです。地震の起きるしくみや歴史的な巨大地震、今後予想される地震や必要な備えを、著名な科学者がわかりやすい言葉で解説します。

岩波書店 2021.3 118,2p 19cm（岩波ジュニアスタートブックス）
1450円 Ⓝ453 Ⓘ978-4-00-027232-2

『じめんがふるえる だいちがゆれる―地震のはなし〈新装版〉』

かこさとし絵・文

内容 じめんがゆれるのはなぜ？どうしてつなみがおこる？なぜにっぽんはじしんがおおい？自然はときに地震をおこし、おそろしい津波をつくります。でも、自然は人間をうらんだり、にくんだりして、地震や津波をおこすのではありません。地球のうごき、自然のいとなみのひとつなのです。このシリーズは子どもの感じるふしぎやおどろきの答えとなる、自然のしくみや地球のちからを子どもたちにもわかりやすいようにオリジナルの図解やイラストで示した、科学絵本です。

農山漁村文化協会 2022.9 24p 29×22cm（かこさとしの地球のかがくえほん） 2500円
Ⓝ453 Ⓘ978-4-540-22198-9

『地球のしくみがわかる地学の図鑑』

杵島正洋著

目次 第1章 私たちの暮らす地球の姿（丸くて大きな地球，地球は正確な球ではない？ ほか），第2章 活動する地球と変わりゆく地表の世界（地震，地震が起こるしくみ ほか），第3章 大気と水、生命に溢れる地表（大気圏，エネルギー収支と熱輸送 ほか），第4章 地球と人間のつながり（地下資源，地下資源と鉱床 ほか），第5章 宇宙における地球の存在（宇宙を探る，太陽と月 ほか）

内容 地球はどうやって誕生した？地震はなぜ起きる？環境問題の原因は？未知の惑星をどうやって見つけるの？地球と宇宙のギモンが"地学"でわかる！防災、エネルギー資源、SDGsなど気になるテーマも豊富な写真とイラストで紹介！

技術評論社　2022.7　160p　26×19cm　（まなびのずかん）　2680円　Ⓝ450
　Ⓘ978-4-297-12880-7

『地球防災ラボ―実験でしくみを知って、命を守る』

東北大学災害科学国際研究所著

目次 災害ってなに？（地震，水害，土砂災害 ほか），災害発生のしくみ（地震はどうしておこる？，活断層ってなに？，震源から離れたところでは、地震のゆれはどのようにやってくる？ ほか），防災について考えよう！（地震のゆれがくるときどうする？，家の中で地震のゆれがくるときどうする？，学校で地震のゆれがくるときどうする？ ほか）

内容 災害の被害を減らすためには、まず、災害のおこるしくみを知り、日ごろから備えて、いざというとき、自分で行動できることが大切。これぞ、「防災の教科書」です！

岩崎書店　2022.9　175p　26cm　3500円　Ⓝ369.3　Ⓘ978-4-265-05977-5

『地図で見る日本の地震』

山川徹文，寒川旭監修

内容 自分が住んでいるところで、今までどんな地震があったか知っていますか？「いつ」「どこで」地震が起き、そのとき人びとは「どのように」行動したか。過去の地震を知ることで、つぎにそなえることができます。防災は、まず知ることからはじまります。小学校中学年から。

偕成社　2020.1　103p　29×21cm　2000円　Ⓝ453.21
　Ⓘ978-4-03-645100-5

『Dr.ナダレンジャーの防災実験教室——地震・液状化・雪崩の科学』

納口恭明著, 鈴木逸美絵

目次 第1章 共振現象ゆらゆらの巻(幼稚園の年長さんとスポンジゆらゆら, 小学校1、2年生の親子学習でゆらゆらブロックたおし, 大学生にもゆらゆら——免震・耐震・制振), 第2章 液状化現象エッキーの巻(小学校3年生の親子学習でエッキー, 小学校4、5、6年生とエッキーの原理, 続・小学校4、5、6年生としずむエッキー), 第3章 雪崩現象ナダレンジャーの巻(科学フェスティバル, 小学校の文化祭, 全校児童の前で, 研究所の公開日にピンポン球雪崩, 高校生を相手に雪崩のしくみ)

内容 「なぜ、雪崩は起こるの?」「遠くの地震なのに、近くの高いビルがゆれるのはどうして?」「液状化現象ってどうやって起こるの?」自然災害の疑問に、Dr.ナダレンジャーが答えます。簡単にできる実験装置や自由研究のヒントも掲載。

子どもの未来社 2021.7 47p 27cm 1800円 Ⓝ453 Ⓘ978-4-86412-199-6

『深く、深く掘りすすめ!“ちきゅう”——世界にほこる地球深部探査船の秘密』

山本省三著, 友永たろ絵

目次 第1章 地球内部を調べる研究(地球を掘る計画の歴史, 次つぎと発見された証拠, スタートした日本のチャレンジ), 第2章 世界一の地球深部探査船をつくる(夢の実現へ始動, 目標は「動かない船!?」, 建造にかかわった誇りと苦労, 忘れられない光景), 第3章 “ちきゅう”に乗ってみる(パイプだらけの船上, 海底から引きあげる宝物), 第4章 高知コアセンターを訪ねる(コアがねむる冷凍倉庫, 海底下の深くでも見つかりはじめた生物, 命の時計の進みかたがことなる生き物), 第5章 巨大地震の原因を探る(研究者が頭をかかえるなぞ, 海底下に地震のあとを探す, たびかさなるトラブル, ついに掘りあげた奇跡のコア, 大津波の原因を解明)

内容 まだ、だれも見たことがない地球のマントル。挑むのは、10000メートル先の地底だ。世界トップレベルの調査を可能にしたのが、地球深部探査船“ちきゅう”だ。海底までおろしたパイプで海底下を掘りすすみ、岩盤や地層を掘りぬいた「コア」を船上に引きあげる。コアの研究から、東北地方太平洋沖地震で発生した大津波の原因がわかったり、四十六万年前の地層にすむ微生物が明らかになったりしている。そんな“ちきゅう”の活躍ぶりを紹介しよう。

くもん出版 2016.3 126p 21cm 1400円 Ⓝ556.7 Ⓘ978-4-7743-2476-0

『ボジョレーといっしょに学ぶ自然災害〔地震の災害〕』

柴山元彦, 戟忠希監修, まつしたくにこ文・イラスト

目次 1 大地震の前ぶれ，2 緊急地震速報って？，3 地震がおきたとき，どうやって身をまもる？，4 震源とゆれ，5 地震の種類としくみ，6 地割れと液状化現象，7 地震による火災，8 応急手当のしかた，9 地震に強い建物，10 災害時避難所にて，11 地震災害の記憶，12 地震に備えて知っておこう！

創元社　2015.11　33p　27cm　1800円　Ⓝ369.3　Ⓘ978-4-422-31040-4

『ボジョレーといっしょに学ぶ自然災害〔津波の災害〕』

柴山元彦，戟忠希監修，まつしたくにこ文・イラスト

目次 1 津波はとつぜんやってくる，2 津波の高さと力，3 津波はどうやっておこる？，4 津波のスピード，5 津波からにげる！，6 津波の備え，7 津波はくりかえしやってくる，8 稲むらの火，9 地形によるちがい，10 なぜわかる！？津波の観測システム，11 津波災害の記憶

創元社　2015.11　33p　27cm　1800円　Ⓝ369.3　Ⓘ978-4-422-31041-1

『わかる！取り組む！新・災害と防災〔1〕（地震）』

帝国書院編集部編集

目次 1 地球の活動と日本の地形の特色—基礎（日本の自然環境と災害，地震・火山とプレート運動，プレート運動と日本列島），2 地震を知る—基礎（地震の種類と特徴，直下型地震が発生するしくみ，直下型地震を引き起こす活断層，海溝型地震が発生するしくみ，地震によるさまざまな被害），3 地震による被害—事例（熊本地震，阪神・淡路大震災，関東大震災，世界にみる地震災害），4 防災・減災の取り組み—対策（地震研究を進めてきた日本，建物の地震対策—耐震・制震・免震，地震被害を減らすために一人ひとりができること，減災につながる「共助」の姿勢），5 大都市における地震災害と対策—基礎、事例、対策（大都市特有の地震災害，シミュレーション1 首都直下地震，シミュレーション2 首都直下地震，首都直下地震に備えた防災・減災の取り組み）

帝国書院　2024.2　63p　27cm　3200円　Ⓝ369.3　Ⓘ978-4-8071-6699-2，
978-4-8071-6698-5（セット）

『わかる！取り組む！新・災害と防災〔2〕（津波）』

帝国書院編集部編集

目次 1 津波を知る—基礎（繰り返されてきた津波災害，津波が発生するしくみ，壊滅的な被害をもたらす津波の性質），2 津波による被害—事例（東日本大震災，南海トラフ地震，世界にみる津波災害），3 防災・減災の取り組み—対策（津波による被害を軽減させる設備とまちづくり，津波をいちはやく知らせる技術，ハザードマップの活用と避難行動，後世に語り継がれる津波の警告）

帝国書院　2024.2　55p　27cm　3200円　Ⓝ369.3　Ⓘ978-4-8071-6700-5，
978-4-8071-6698-5（セット）

◇もしも地震がきたら

『**おおじしんさがして、はしって、まもるんだ―子
どもの身をまもるための本**』

清永奈穂文・監修，石塚ワカメ絵

内容 揺れはじめの8秒が生死を分ける！！地震発生時、た
とえ子どもが一人でも「自分をまもる力」を身につけられ
る、安心絵本。

岩崎書店　2023.4　1冊　27cm　1300円　Ⓝ369.31
Ⓘ978-4-265-83111-1

『**クレヨンしんちゃんの防災コミック―地震だ！その時オラがひとり
だったら〈新版〉**』

臼井儀人キャラクター原作，永田宏和監修

目次 地震ってなんだ？，解説1 地震発生！その時キミはどうする？，解説2 揺
れがおさまったらすること，解説3 家に居た方がいいの？避難所へ行くべきな
の？，解説4 避難所へ行くことになったら？，解説5 家族の一員！ペットたち
の避難について，解説6 できるかな？あの手この手で家族と連絡，解説7 みん
なで助け合おう！，解説8 番外編:被災地のお友だちが、やって来たら

双葉社　2019.3　95p　19cm　800円　Ⓝ369.31　Ⓘ978-4-575-31433-5

『**3.11が教えてくれた防災の本〔1〕（地震）**』

片田敏孝監修

目次 そのとき、あわてないために（どんなふうにゆれているのか？，どこで地
震にあったか？，いつ地震にあったか？），自分の命は自分で守る（ひとりで
自宅にいるときは、どうする？，火災が発生したら？，家族との連絡は？，建
物にとじこめられたら？），地震情報を知ろう（緊急地震速報をきいたらどう
するか？，テレビの地震情報で、何がわかる？，どこに避難したらよいのか？）

かもがわ出版　2011.12　31p　27cm　2500円　Ⓝ369.31　Ⓘ978-4-7803-0487-9

『3.11が教えてくれた防災の本〔2〕（津波）』
片田敏孝監修

目次 津波のメカニズムを知ろう（津波がおきるときはどういうときか？，津波はどのようにしてやってくるのか？，上陸後、津波の高さや速度が上がる？），津波の巨大なエネルギーを知ろう（津波はどれくらいの高さになるのか？，津波の力はどれくらいあるのか？，津波は外国からもおし寄せる？），津波警報が出されたら（津波警報を聞いたらどうするのか？，津波警報が出された時間は？，どこへ避難するのか？，「つねみてんでんこ」とは？）

かもがわ出版　2012.2　31p　27cm　2500円　Ⓝ369.31　Ⓘ978-4-7803-0488-6

『3.11が教えてくれた防災の本〔3〕（二次災害）』
片田敏孝監修

目次 地震発生直後の二次災害にそなえよう（避難のときに注意が必要な二次災害は？，避難するとき、最低限必要なものは？，屋外で過ごす場合に注意することは？，身の回りのもので、避難のときに役立つものは？），二次災害を生きぬく知恵をもとう（地域に原子力発電所や石油コンビナートがあったら？，避難したあとにおきる、ガスと電気の二次災害とは？，地震による火災で注意することは？，帰宅困難者になったら…？），こんなことも二次災害？（なぜ計画停電がおこなわれたのか？，風評被害ってなんだろう？）

かもがわ出版　2012.3　32p　27cm　2500円　Ⓝ369.31　Ⓘ978-4-7803-0489-3

『3.11が教えてくれた防災の本〔4〕（避難生活）』
片田敏孝監修

目次 避難生活のはじまり（避難所とは？，避難所の管理運営はだれがするのか？，避難所に入りきれないときは？），避難所での生活で直面する問題（食事はどうなるか？，避難所のトイレや風呂の利用はどうなるのか？，気になる健康管理は？，避難所で、少しでも気持ちよく、くらすには？），避難生活はいつまでつづく（避難所生活はいつまでつづくのか？，いつ、学校は再開されるのか？，いつ、もとの生活にもどれるのか？）

かもがわ出版　2012.3　32p　27cm　2500円　Ⓝ369.31　Ⓘ978-4-7803-0490-9

『地震がおきたら』
谷敏行原案，畑中弘子文，かなざわまゆこ絵，神戸市消防局企画・協力

内容 地震がおきたら、どうしよう。もし、ひとりでいるときだったら？消防士さんは助けてくれる？どんな時でも、

どんな場所でも、子どもたちが、自分で自分のからだを守り、また、協力して助けあうことが大切です。学校で家庭で必読の一冊。緊急連絡先を書こめるかぞくのやくそくカードつき。

BL出版　2017.10　1冊　22×21cm　1200円　Ⓝ369.31
Ⓘ978-4-7764-0819-2

『地震がきたらどうすればいいの？』

あかぎかんこさく，mittyえ

内容　もしも一人でいるときに地震が来てしまったら…。そういう時にどうしたらいいかを説明した本です。わかりやすく絵文字も付いています。

埼玉福祉会　2017.3　24p　31cm（LLブック　やさしくよめる）　1600円　Ⓝ369.31
Ⓘ978-4-86596-129-4

『地震空間からの脱出―防災ゲームブック』

勝谷大樹作，aohkimimei絵，高荷智也監修

目次　地震空間から脱出せよ，カナ17の防災マニュアル（防災とは，危険なエリアを避ける，エリアごとの危険を知る　山地・台地，エリアごとの危険を知る低地・海沿い・島，災害に耐える強い家づくり，家を強くする（建物編），家を強くする（室内編），地震による火災を防ぐ，応急手当の準備，すばやく安全に非難する　ほか）

内容　災害対策研究所で開発されたVRシミュレーターのテスト中に事故が発生！君は、仮想空間の中に閉じこめられてしまった―。現実世界にもどるため、防災知識を駆使して大地震を生きのびろ！

ポプラ社　2023.3　159p　19cm　1200円　Ⓝ369.31　Ⓘ978-4-591-17686-3

『じしん・つなみどうするの？―やさしくわかるぼうさい・ぼうはんのえほん』

せべまさゆき絵，国崎信江監修，WILLこども知育研究所編著

内容　じしんはとつぜんやってくる。ぐらぐらじめんがゆれて、ものがおちてきたり、たてものがたおれたり…。じしんのあとにはつなみやかざんのふんかがおきることもあるよ。じぶんのいのちをまもるほうほうをしって、じしんにそなえよう！

金の星社　2017.2　1冊　28×24cm　1300円　Ⓝ369.31　Ⓘ978-4-323-03560-4

『にげましょう―災害でいのちをなくさないために 〈特別版〉』

河田惠昭著・編，GK京都編集

内容 逃げることは、生きること。1分1秒が生死を分ける巨大災害。防災の第一人者が、津波、火山噴火、豪雨といった災害から身を守るための避難のタイミングを紹介する。2012年刊の同名の本に「地震編」を増補した特別版。子どもに興味を持ってもらえるよう、親しみやすく美しいイラストを展開。

共同通信社　2014.1　125p　16×25cm　1800円　Ⓝ369.3　Ⓘ978-4-7641-0667-3

『防災学習読本―大震災に備える！2020年東京オリンピックの日に大地震が起きたらどうするか！？ 学生と紡いだ物語』

坂井知志，小沼涼編著

目次 第1部 学生と紡いだ物語，第2部 ミュージアムアーカイブ演習

日本地域社会研究所　2015.7　103p　19cm（コミュニティ・ブックス）　926円　Ⓝ369.3　Ⓘ978-4-89022-165-3

『みんなで防災アクション！―国際レスキュー隊サニーさんが教えてくれたこと〔1〕（台風や地震から身を守ろう）』

神谷サニー著

内容 「いつか」に遭遇したとき、命を守るヒント。「水路に落ちた男の子の救出」「アンダーパスが冠水するとき」「地震による地割れで起きた災害」の3つのレスキュー日記を通して、台風や豪雨、地震から身を守るための防災アクションを学ぶ。コピーして使えるアクションシートつき。

評論社　2016.4　1冊　29×22cm　3800円　Ⓝ369.3　Ⓘ978-4-566-03062-6

『もしものときのがんこちゃん―じしん・大雨・火山こんなときどうする？』

押川理佐文，武田美穂絵

内容 下校中に大きな地震が起きてあわてるがんこちゃん。困っていると「ランププ」があらわれた。もしものときに"どう行動するべきか"をクイズ形式で一緒に考えます。

NHK出版　2023.9　45p　26cm（NHK for School 教養・文化シリーズ）　900円　Ⓝ369.3　Ⓘ978-4-14-407303-8

◇火山のしくみ

『SDGsで考える日本の災害〔2〕（火山噴火）』

藤岡達也著

内容 日本は昔から地震や暴風雨などに襲われてきましたが、そこから防災・減災、そして復興に関する教訓を得てきました。こうした自然災害への対応は、SDGsの達成目標である「持続可能な社会」をつくるために必要であり、地球温暖化などの気候変動への対応にもつながります。この本は、日本で起きたさまざまな災害をSDGsの目標と照らしあわせながら考えていくことで、自然や人、社会とのつながりと関わりについて学べるようになっています。

大修館書店　2023.7　63p　27cm　3200円　Ⓝ369.3　Ⓘ978-4-469-26960-4

『火山の国に生きる─生きている火山』

井口正人監修，宮武健仁写真・文

内容 この本で紹介するおもな火山。桜島、阿蘇山、八丈島、雲仙岳、樽前山、羊蹄山、開聞岳、青ケ島。

くもん出版　2017.1　1冊　24×22cm　1400円　Ⓝ453.821
Ⓘ978-4-7743-2651-1

『火山の国に生きる─火山とくらす』

井口正人監修，宮武健仁写真・文

内容 日本にあるたくさんの火山を、火山学者とプロカメラマンが紹介します。この本では、火山の被害とめぐみをお見せします。紹介するおもな火山:桜島、鶴見岳・伽藍岳、箱根山、有珠山、霧島山、蔵王山、磐梯山。

くもん出版　2017.2　1冊　24×22cm　1400円　Ⓝ453.821
Ⓘ978-4-7743-2652-8

『火山の国に生きる─日本の火山』

井口正人監修，宮武健仁写真・文

内容 日本にあるたくさんの火山を、火山学者とプロカメラマンが紹介します。この本では、日本各地から39の火山をお見せします。紹介するおもな火山:アトサヌプリ、倶多楽、八幡平、那須岳、弥陀ケ原、伊豆大島、

自然災害について

阿武火山群、薩摩硫黄島。

くもん出版　2017.2　1冊　24×22cm　1400円　Ⓝ453.821
Ⓘ978-4-7743-2653-5

『火山のふしぎ 富士山は本当に爆発するのか！？』
講談社編

目次 巻頭 火山大特集！（富士山と噴火，富士山噴火シミュレーション ほか），MOVE写真館（明治神宮のふしぎな生きもの），MOVEデータファイル（ほんとうに怖いキノコのランキング，危険生物のガチバトル！ ほか），行ってみよう！体験しよう！（博物館に行ってみよう），科学の最新情報を発信！MOVEサイエンスニュース（新種発見！鳥と恐竜をつなぐ小型恐竜！，深海で発見！新種の透明ダコ ほか）

講談社　2016.7　80p　26cm（講談社の動く図鑑MOVE特別号）　980円　Ⓝ404.9
Ⓘ978-4-06-220162-9

『火山はめざめる』
はぎわらふぐ作，早川由紀夫監修

内容 日本では、火山がうめたてた土地の上に、多くの人々がくらしています。ドンと大砲をうつような爆発、何日もふりつづく軽石、火口からながれだす溶岩、すべてを瞬時にのみこむ火砕流、そして…。ひとつの火山が2万5000年間に見せた、さまざまなめざめを描きました。

福音館書店　2019.6　40p　28×24cm（科学シリーズ）　1500円　Ⓝ453.82152
Ⓘ978-4-8340-8464-1

『火山ビジュアルガイド〔1〕火山のしくみ』
高田亮監修

目次 第1章 火山って何？（火山と火山でない山，火山の中をのぞいてみよう ほか），第2章 火山の活動（マグマと水蒸気のパワー，火山はなぜ噴火するの？ ほか），第3章 火山の種類と形（日本に多い火山の形，いろいろな火山の形 ほか），第4章 火山のめぐみ（火山による地形変化，火山性の温泉 ほか）

教育画劇　2016.2　47p　29×22cm　3300円　Ⓝ453.8　Ⓘ978-4-7746-2043-5

『火山ビジュアルガイド〔2〕日本と世界の火山』
高田亮監修

目次 第1章 最新火山情報（いま注目の火山，近年噴火した日本の火山，近年噴

火した世界の火山），第2章 日本のおもな火山（日本の活火山の特徴，北海道地方の活火山，東北地方の活火山，関東・中部地方の活火山，伊豆・小笠原諸島の活火山，九州・沖縄地方の活火山），第3章 世界のおもな火山（世界の活火山，東南アジア・オセアニア・ハワイ島の活火山，ヨーロッパの活火山，アフリカの活火山，アメリカの活火山，南極・アイスランドの活火山，世界のおもな活火山データ）

教育画劇　2016.4　47p　29×22cm　3300円　Ⓝ453.8　Ⓘ978-4-7746-2044-2

『火山ビジュアルガイド〔3〕噴火へのそなえ』

高田亮監修

目次 第1章 おそろしい火山災害（火山災害とは，火山災害の種類，火山災害の記録），第2章 噴火にそなえる（噴火への対策，国・地方自治体の対策，噴火の予報システム，噴火を予測する機器，噴火から身を守る心得，火山ハザードマップ），第3章 火山について調べてみよう（調べ方ガイド，火山を学べる施設，インターネットで調べてみよう！，三択クイズ！知っておきたい防災知識）

教育画劇　2016.4　47p　29cm　3300円　Ⓝ453.8　Ⓘ978-4-7746-2045-9

『火山噴火―何が起こる？どう，そなえる？』

高田亮著

目次 第1章 火山とは？（火山はなぜ噴火するの？，噴火のとき、火山で何が起こる？，噴火のタイプはさまざま ほか），第2章 おそろしい火山災害（噴石や有毒ガスがおそう，世界を灰色にする火山灰，せまりくる火砕流・溶岩流 ほか），第3章 そなえる！火山噴火（火山噴火は予測できるの？，富士山の観測活動を見てみよう！，目の前で大噴火したら？ ほか）

PHP研究所　2015.10　63p　29cm（楽しい調べ学習シリーズ）　3000円　Ⓝ453.8
Ⓘ978-4-569-78493-9

『火山列島・日本で生きぬくための30章―歴史・噴火・減災』

夏緑著，末藤久美子絵

目次 日本の常時観測火山50，1 生きている火山（奈良時代の書物に火山の記録がある，日本神話に噴火予知のヒントがある，白い山はおにぎり形 黒い山はパンケーキ形 ほか），2 さまざまな火山のすがた（地球の中身は輝く緑の宝石だ，ホットプルームが火山をつくる，地球の表面は動くパズルだ ほか），3 火山とともに生きる（山小屋に布をはると火山シェルターになる，火山灰には毒がある，富士山の噴火で首都圏は停止する ほか）

内容 日本列島は火山列島だ。火山活動によって日本列島は今のすがたになり，

さまざまな生命がうまれた。はるか昔から人は火山をおそれ、火山をうやまい、火山からの恵みを受けて生きてきた。火山のなりたちや噴火のしくみを知り、災害から自分や大切な人のいのちを守る知識を学ぼう。

童心社　2017.1　87p　26cm　3700円　Ⓝ453.821　Ⓘ978-4-494-00550-5

『知っておきたい 日本の火山図鑑』

林信太郎監修・著

目次 第1部 火山のしくみをみてみよう！（火山とプレート，マグマができる場所，噴火はどのようにおこるの？，マグマ噴火のいろいろ，その他の噴火 ほか），第2部 日本のおもな火山（北海道の火山，東北の火山，関東・中部の火山，伊豆・小笠原諸島の火山，九州・沖縄の火山）

小峰書店　2017.3　151p　29×23cm　4800円　Ⓝ453.821　Ⓘ978-4-338-08160-3

『調べてわかる！日本の山〔3〕（火山のしくみと防災の知恵―富士山・浅間山・雲仙岳・有珠山ほか）』

鈴木毅彦監修

目次 火山ってなんだろう？火山を知ろう（世界の0.25％の陸地に世界のおよそ7％の火山がある 日本列島は火山列島，火山はなぜ日本に多いの？ 日本の下に潜り込むプレートが火山をつくる，マグマをつくるプレートはなぜ動くの？ マントルの大循環「スーパープルーム」ほか），火山から身を守る（火山防災の第一歩は火山災害の歴史を知ること 噴火は甚大な被害をおよぼすこともある，崩れ落ちた山―渡島駒ケ岳（北海道），磐梯山（福島県），眉山（長崎県）大災害を招く「山体崩壊」と「火山津波」，気になる南海トラフ地震と富士山噴火の関係 地震と噴火は関係があるの？ ほか）

内容 世界には約1500の活火山があり、日本はその約7％、111もの活火山が、陸地にも海の底にもある、火山の国です。火山は人類の歴史が始まる前から大きな噴火を繰り返してきました。美しい景観や温泉を生み出す一方災害ももたらしてきました。なぜ日本には火山が多いのでしょうか？なぜ噴火が起きるのでしょうか？噴火から命を守るためにはどうしたらいいのでしょうか？ダイナミックな地球の営みとその歴史をのぞいてみましょう。

汐文社　2024.3　40p　27cm　3000円　Ⓝ454.5　Ⓘ978-4-8113-3063-1

『世界一おいしい火山の本──チョコやココアで噴火実験』

林信太郎著

目次 1 火山って、何だろう？（火山というもの，火山と火山ではない山），2 火山は噴火する（どっちがすごい，ガメラと噴火（ガメラが教えてくれるもの），噴火はマグマが起こす ほか），3 キッチン実験でたしかめよう、いろいろな噴火（チョコレートマグマで潜在溶岩ドーム実験！，牛乳でできるかな？火砕流実験 ほか），4 人びとのくらしと火山の噴火（噴火はくりかえす，火山はきびしい──噴火の被害 ほか）

内容 林先生は火山学者。日々、日本や世界を飛び回る。そのエネルギーの源は、料理やお菓子をつくること。キッチンに立っているうちに、すてきなアイデアひらめいた。大好きなチョコやココアを使い、火山の実験してみよう！めったに起きない噴火だけれど、火山のしくみがわかっていれば、あわてず、騒がず、落ち着いて、きっと危険をさけられる。そんな願いから生まれた本。

小峰書店　2006.12　127p　21cm（自然とともに）　1500円　Ⓝ453.8　Ⓘ4-338-18608-9

『日本の大地つくりと変化〔3〕（火山による大地の変化）』

鎌田浩毅監修

内容 日本の大地をかたちづくるものの特徴から、地層と化石、火山・地震によるこれまでの大地の変化についても深く理解するシリーズ。第3巻では、火山の種類と活動の様子、甚大な災害、過去から現在、その恵みを紹介。富士山噴火の可能性についても解説する。

岩崎書店　2021.11　47p　29cm　3000円　Ⓝ454.91
Ⓘ978-4-265-08963-5

『ひをふくやま マグマのばくはつ──火山のはなし〈新装版〉』

かこさとし絵・文

内容 なぜやまがばくはつする？ふじさんはどうやってできた？かざんのちかくにおんせんがあるのはなぜ？赤い火をはいて空高く岩やけむりをふきあげるなど、火山はおそろしいうごきをします。その火山がたくさんあるのが日本です。日本に住むわたしたちがどうくらしたらいいのか、考えてみましょう。このシリーズは子どもの感じるふしぎやおどろきの答えとなる、自然のしくみや地球のちからを

子どもたちにもわかりやすいようにオリジナルの図解やイラストで示した、科学絵本です。

農山漁村文化協会　2022.9　24p　29×22cm（かこさとしの地球のかがくえほん）　2500円　Ⓝ453.8　Ⓘ978-4-540-22199-6

『188のなぞとふしぎ 富士山大事典──「自然」「科学」「文化」から「防災」まで』

富士学会監修

目次 第1章 富士山と火山のふしぎ（富士山はどこにある？，富士山の周辺の山々，富士山の高さをくらべてみよう ほか），第2章 富士山と防災の知識（富士山はいつか噴火する，富士山が噴火したらどうなるの？，溶岩流と火砕流、火山ガス ほか），第3章 日本人と富士山、世界から見た富士山（世界遺産となった富士山，信仰の対象としての富士山，富士山とその周辺の神社・霊場 ほか）

内容 富士山を「自然」「科学」「文化」の面からとき明かし、「防災」「登山」の知識も学べる大事典。富士山のなぞやふしぎを188項目掲載！

くもん出版　2014.2　143p　28×21cm　5000円　Ⓝ291.51　Ⓘ978-4-7743-2230-8

『ボジョレーといっしょに学ぶ自然災害〔火山の災害〕』

柴山元彦，戟忠希監修，まつしたくにこ文・イラスト

目次 1 家族で温泉旅行！2 噴火の前ぶれ，3 火山はどこにできる？，4 活火山と噴火警戒，5 火山に登るときは…，6 噴火の種類，7 火山からふき出すもの，8 火山からの脱出，9 火山災害の記憶，10 火山のさまざまな作用

創元社　2015.11　33p　27cm　1800円　Ⓝ369.3　Ⓘ978-4-422-31043-5

『まるごと観察 富士山──壮大な火山地形から空・生き物まで世界遺産を知る』

鎌田浩毅編著

目次 1章 富士山の構造と成り立ち，2章 富士山噴火のさまざまな恵み，3章 富士山噴火の予測と防災，4章 富士山の気象と空の観察，5章 富士山の生き物たち，6章 富士山の岩石探検をしよう

誠文堂新光社　2013.8　93p　24×19cm（子供の科学★サイエンスブックス）　2200円　Ⓝ291.51　Ⓘ978-4-416-11370-7

『やまをつくったものやまをこわしたもの──山のはなし〈新装版〉』

かこさとし絵と文

内容 山はどうして高くもりあがっているのでしょうか。どうしてあんな形になったのでしょうか。山はどっしりとして動かないものと思われてきました。でも、その形、高さ、すがたはゆっくり変わっているのです。このシリーズは子どもの感じるふしぎやおどろきの答えとなる、自然のしくみや地球のちからを子どもたちにもわかりやすいようにオリジナルの図解やイラストで示した、科学絵本です。

農山漁村文化協会　2023.9　24p　29cm
（かこさとしの地球のかがくえほん）　2500円 Ⓝ454.5
Ⓘ978-4-540-23160-5

『よくわかる火山のしくみ—どうして噴火するの？火山のすべてを大解剖！』

高橋正樹著

目次 1 どのように噴火するのか，2 日本は火山列島，3 いろいろな噴火，4 火山の災害，5 噴火の予知，6 すばらしい火山列島日本

誠文堂新光社　2016.1　95p　24cm（子供の科学★サイエンスブックス）　2200円　Ⓝ453.8
Ⓘ978-4-416-61608-6

『わかる！取り組む！新・災害と防災〔3〕（火山）』

帝国書院編集部編集

目次 1 火山を知る—基礎（日本列島と火山，プレート運動と火山，火山噴火のしくみ，火山噴火によるさまざまな被害），2 火山噴火による被害—事例（雲仙普賢岳 200年ぶりの噴火と被害，雲仙普賢岳の噴火，御嶽山 登山者を巻き込んだ噴火による災害，桜島 噴煙を上げ続ける火山，有珠山 噴火をくり返す火山，富士山 日本の象徴としてそびえる活火山，世界にみる火山噴火と人々のかかわり），3 防災・減災の取り組みと火山との共生—対策（気象庁による火山観測・監視，噴火情報が私たちに届くまで，火山ハザードマップと地域の取り組み，火山の恩恵と人々の生活）

帝国書院　2024.2　47p　27cm　3200円　Ⓝ369.3　Ⓘ978-4-8071-6701-2，
978-4-8071-6698-5（セット）

◇水害のしくみ

『今こそ知りたい！水災害とSDGs〔1〕（「水災害」とSDGs─過去・現在・未来）』

稲葉茂勝著，こどもクラブ編

目次 「水災害」に関わるいろいろな言葉，日本人に身近な水災害は「台風」！？，「これまでに経験したことのないような大雨になる」，豪雨による水災害，洪水・高潮・内水氾濫，土砂災害，豪雪になる理由，地球温暖化と自然災害，極端現象と地球温暖化，まだまだ続く地球温暖化，SDGsに記された「気候変動」，SDGsが指摘する「強靭」とは，「水防災意識社会」を考える，備えあれば憂いなし

あすなろ書房　2022.12　47p　31cm　3500円　Ⓝ369.33　Ⓘ978-4-7515-3145-7

『今こそ知りたい！水災害とSDGs〔2〕（「水災害」に備えて─わたしたちのできること）』

橋本淳司著，こどもくらぶ編

内容 過去に起きた水災害の事例やハザードマップをもとに，避難の目安，台風の接近状況に応じた行動チェックリストづくり，断水時に健康状態を保つ方法など，役立つ対策をわかりやすく紹介します。

あすなろ書房　2023.1　47p　31cm　3500円　Ⓝ369.33　Ⓘ978-4-7515-3146-4

『SDGsで考える日本の災害〔3〕（風水害）』

藤岡達也著

内容 日本は昔から地震や暴風雨などに襲われてきましたが，そこから防災・減災，そして復興に関する教訓を得てきました。こうした自然災害への対応は，SDGsの達成目標である「持続可能な社会」をつくるために必要であり，地球温暖化などの気候変動への対応にもつながります。この本は，日本で起きたさまざまな災害をSDGsの目標と照らしあわせながら考えていくことで，自然や人，社会とのつながりと関わりについて学べるようになっています。

大修館書店　2023.8　63p　27cm　3200円　Ⓝ369.3　Ⓘ978-4-469-26961-1

『川の科学ずかん〔3〕（川の楽しさと防災）』

知花武佳監修，本作り空Sola編

目次 第1部 川と安全につきあう（川であそぶときの服装は？，川の水の力は強いぞ！，川であぶない場所，川で流されてしまったら，あぶない川に変わるサ

イン，水辺の楽校で川あそびをしよう，川あそびにもっていくアイテム），第2部 川の水害・防災を考える（水害が起こりやすい日本，堤防はこわれることもある，洪水から町を守るとりくみ，もうひとつの氾濫「内水氾濫」，洪水についての情報，浸水ハザードマップを見てみよう）

文研出版　2024.1　39p　31cm　3200円　Ⓝ517
①978-4-580-82596-3

『水害の大研究―なぜ起こる？どうそなえる？』

河田惠昭監修

目次 第1章 水害はなぜ起こる？（日本の気候，地球温暖化の影響は？，日本の国土と川，ゼロメートル地帯って？ ほか），第2章 水害にそなえよう！（日本の気象と降水量，台風情報の見方，大雨に関する天気予報の用語，ハザードマップを確認しよう ほか）

PHP研究所　2020.7　55p　29cm　（楽しい調べ学習シリーズ）
3200円　Ⓝ369.33　①978-4-569-78929-3

『防災にも役立つ！川のしくみ―源流から海まで流れる水の働きや地形の変化がよくわかる』

川上真哉著，日置光久監修

内容 身近な「川」が持つ特徴を総合的に学ぶことができます。自然災害のしくみとその対策もしっかりと網羅。6ページに渡るイラストで「川の源流から下流，海まで」のイメージを一望できます。本文のすべての漢字にふりがなを振ってあるので，小学校低学年でも読み進められます。

誠文堂新光社　2021.1　79p　24cm　（子供の科学サイエンスブックスNEXT）　2500円
Ⓝ452.94　①978-4-416-52137-3

『ボジョレーといっしょに学ぶ自然災害〔土砂と水の災害〕』

柴山元彦，戟忠希監修，まつしたくにこ文・イラスト

目次 1 山でキャンプ！！，2 急な天気の変化，3 積乱雲と大雨，4 土砂災害の前ぶれ，5 街をおそう水害の危険，6 堤防の決壊，7 避難のための正しい判断，8 おそろしい土砂崩れ，9 土砂災害からのがれて，10 土砂災害を大きくするもの 防ぐもの，11 土砂災害・水害の記憶

創元社　2015.11　33p　27cm　1800円　Ⓝ369.3　①978-4-422-31042-8

『流域治水って何だろう？─人と自然の力で気候変動に対応しよう』

瀧健太郎監修

目次 第1章 水の恵みと流域治水（日本人の暮らしと水とのかかわり，川と環境，治水の歴史，気候変動と増える水害，流域治水とは1これからの治水，流域治水とは2流域治水の3つの柱），第2章流域治水の3つの柱と具体的な対策（氾濫をできるだけ防ぐ・減らすための対策1河川整備とダムの活用，氾濫をできるだけ防ぐ・減らすための対策2遊水池の整備，氾濫をできるだけ防ぐ・減らすための対策3雨水の浸透・貯留を考えよう，被害対象を減少させるための対策1防災を意識したまちづくりをしよう，被害対象を減少させるための対策2いろいろな堤防を活用しよう，被害の軽減、早期復旧・復興のための対策1住宅地や都市部の対策を知ろう，被害の軽減、早期復旧・復興のための対策2情報を集めて活用しよう，被害の軽減、早期復旧・復興のための対策3被災後の取り組みを知ろう），第3章流域治水と持続可能な社会（グリーンインフラについて知ろう，Eco - DRRって何？，海外で進むグリーンインフラの整備，流域治水プロジェクト，流域治水プロジェクトの事例1利根川水系，流域治水プロジェクトの事例2淀川水系，オリジナル防災マップをつくろう！）

PHP研究所　2023.11　55p　29cm　（楽しい調べ学習シリーズ）　3500円　Ⓝ517.5
Ⓘ978-4-569-88139-3

◇天気のしくみ

『雨・雪・氷なぜできる？』

武田康男，菊池真以監修

目次 さまざまに変化する水のすがた，1章 雨はどうしてふるの？，（地球をめぐる水，雨がふるしくみ，雨がふりやすいところは？ ほか），2章 雪はどうしてふるの？（雪がふるしくみ，雪の結晶は六角形，雪の結晶を観察しよう ほか），3章 氷はどうしてできる？（氷ができるしくみ，水が流れてできる氷，空からふってくる氷 ほか），資料編

ポプラ社　2022.4　47p　29cm　（気象予報士と学ぼう！天気のきほんがわかる本〔3〕）
3000円　Ⓝ451　Ⓘ978-4-591-17275-9

『異常気象─天気のしくみ』

武田康男監修

内容 異常気象とは、30年に1度あるかないかの気象現象とされていますが、「きょくたんな気象現象」として紹介されることもあります。地球の天気と同じように、異常気象は複雑な原因がからみ合って起きています。本書では、その基本を理解して環境の変化と向き合うために、気象現象を「雲」、「水」、「光」、「風」、「異常気象と気象災害」の5章に分けて解説しています。DVDは50分（本編45分）で、天気の変化やはげしい気象、台風の目に突入した貴重映像など見所がたくさんあります。天気の基本を楽しみながら学びましょう。

Gakken　2018.7　143p　29×22cm（学研の図鑑LIVE　eco）　2000円　Ⓝ451
Ⓘ978-4-05-204794-7

『異常気象図鑑』

平井信行監修，岩槻秀明執筆協力

目次 1章 どんな異常気象が起きているの？（異常気象とは？，気温の異常気象—猛暑，暑さから身を守るには？ほか），2章 異常気象の原因を調べてみよう（これまでの地球の気候変動とは？，地球と太陽の関係，地球温暖化はどうして起きるの？ ほか），3章 異常気象や気候変動に向けた取り組み（気候変動に向けた世界の取り決め，SDGsって何？，気候変動における緩和と適応 ほか）

金の星社　2021.12　79p　29×22cm　4000円　Ⓝ451
Ⓘ978-4-323-07494-8

『異常気象と地球温暖化』

吉田忠正文，武田康男，菊池真以監修

目次 1章 検証しよう！最近の日本の天気（猛暑日がふえている？，大雨がふる回数も多くなった？ ほか），2章 世界の異常気象をさぐろう（カナダで49.6℃の熱波が発生，各地で大規模な森林火災 ほか），3章 異常気象をもたらすものは？（地球をめぐる大気と海洋の大循環，エルニーニョ現象とラニーニャ現象 ほか），4章 ストップ！地球温暖化（国際的な取りくみ始まる，脱炭素社会の実現にむけて ほか）

ポプラ社　2022.4　47p　29×22cm（気象予報士と学ぼう！天気のきほんがわかる本〔6〕）
3000円　Ⓝ451　Ⓘ978-4-591-17278-0

『異常気象と地球環境』

木原実監修

目次 異常気象って、どんな気象のこと？，冷夏や暖冬って、どういうこと？，

日本に上陸する台風の勢力が強くなっているって、ホント？，ヒートアイランド現象って、なに？，ビル風って、どんな風？，ゲリラ豪雨は集中豪雨のことって、ホント？，水不足でも人工の雨をふらせられるって、ホント？，エルニーニョ現象って、どこでおこるの？，ラニーニャ現象はエルニーニョ現象と同じものって、ホント？，黄砂はどこからとんでくるの？〔ほか〕

フレーベル館　2011.2　1冊　29×22cm（お天気クイズ〔4〕）　2600円　Ⓝ451
Ⓘ978-4-577-03863-5

『学研の図鑑LIVE ポケット　天気・気象』

武田康男，坪木和久監修

目次　第1章 雲，第2章 光の現象，第3章 気圧と風，第4章 水，第5章 四季の天気，第6章 気象災害，第7章 気象観測と天気予報

内容　あの雲はなに？雨はなぜ降るの？異常気象ってなに？天気の"しくみ"がよくわかる！ ARや動画を楽しもう！

Gakken　2021.7　208p　19×11cm　980円　Ⓝ451
Ⓘ978-4-05-205331-3

『『気象予報士に挑戦！お天気クイズ〔3〕（日本の天気・気象災害）』

勝丸恭子作

目次　地理（春を告げる現象，最高気温クイズ，暑さに強いお米 ほか），歴史（雷よけのおまじない，清少納言が食べたもの，「赤気」が見えた ほか），防災（新しい地図記号，お茶を守る扇風機，熱中症が多発！ ほか）

内容　日本各地の天気と気象災害、歴史の中の天気のクイズ。

小峰書店　2022.4　127p　22cm　2200円　Ⓝ451
Ⓘ978-4-338-35203-1

『気象予報士わぴちゃんのお天気を知る本〔2〕（気象災害と防災）〈図書館版〉』

岩槻秀明著

目次　第1章 天気の種類（天気とは？，降水のしくみ），第2章 気象災害（気象災害とは？，マイ・タイムライン，大雨による災害，大雨の時に特に気をつけたい3つのこと，風による災害，低気圧と前線，台風・熱帯低気圧，大雪による災害，道路の雪や氷，積乱雲による災害）

いかだ社　2024.3　62p　27cm　3000円　Ⓝ451　Ⓘ978-4-87051-596-3

『雲・天気』

内容 ゲリラ豪雨、台風、竜巻。今注目の気象現象がよくわかる！

Gakken　2015.9　180p　19cm（新・ポケット版学研の図鑑〔21〕）

『雲と天気』

武田康男監修

内容 雨、雪、かみなり、台風など天気のひみつを調べよう！天気がわかる雲の見かた教えます！

ポプラ社　2016.11　62p　22×22cm（ポプラディア大図鑑WONDA　超はっけん大図鑑3）　1000円　Ⓝ451.61　Ⓘ978-4-591-15227-0

『雲はかせになろう』

武田康男，菊池真以監修

ポプラ社　2022.4　47p　29cm（気象予報士と学ぼう！天気のきほんがわかる本〔2〕）　3000円　Ⓝ451　Ⓘ978-4-591-17274-2

『これは異常気象なのか？〔1〕（気候システムに異常が？）』

保坂直紀著，こどもくらぶ編

岩崎書店　2016.3　47p　29×22cm　3000円　Ⓝ451
Ⓘ978-4-265-08515-6

『これは異常気象なのか？〔2〕（台風・竜巻・豪雨）』

保坂直紀著，こどもくらぶ編

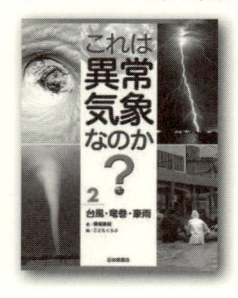

目次　1 雲と雨（雲のできかた，雨が降るしくみ，大雨と積乱雲，雷），2 台風（台風の構造，熱帯低気圧の発生，台風の発生と消滅，高潮），3 豪雨と大雨（前線，梅雨，集中豪雨，ゲリラ豪雨，地球温暖化と大雨，大雨と地すべり，洪水と土石流），4 風と竜巻（風が吹くしくみ，最強の風を生む竜巻，竜巻のできかた，ダウンバースト）

岩崎書店　2016.3　47p　29×22cm　3000円　Ⓝ451
Ⓘ978-4-265-08516-3

『これは異常気象なのか？〔3〕（猛暑・寒波・豪雪）』

保坂直紀著，こどもくらぶ編

目次　1 猛暑・干ばつ（記録的な猛暑，猛暑と偏西風，フェーン現象，干ばつ，黄砂，オゾン層の破壊），2 寒波（日本の冬，寒波のしくみ，地球温暖化と寒波），3 豪雪（雪のできかた，日本海側の豪雪，雪と南岸低気圧，吹雪，雪の災害，地球温暖化と雪），資料編

岩崎書店　2016.3　47p　29cm　3000円　Ⓝ451
Ⓘ978-4-265-08517-0

『最高にすごすぎる天気の図鑑—空のひみつがぜんぶわかる！』

荒木健太郎著

目次　1 すごすぎる雲と生活のはなし（炭酸飲料のペットボトルを開けたときのモワモワは「雲」，徹底解明！彩雲が虹色に見えるワケ ほか），2 すごすぎる空と文化のはなし（「文化の日」が晴れやすいって本当？，魔法のような空に出会える「薄明」の時間 ほか），3 すごすぎる気象と気候のはなし（シャボン玉でわかる目には見えない「風」，ティーカップのなかで低気圧をつくれる ほか），4 すごすぎる天気と防災のはなし（シャワーの雨の強さは1時間に6万mm！，雨が降っていなくても川の水が急に増えることがある ほか）

内容　今、注目度バツグンの天気本シリーズ！

KADOKAWA　2024.4　175p　19cm　1300円　Ⓝ451　Ⓘ978-4-04-606631-2

『10歳からのくわしくわかる「異常気象」─おかしな天気からみる地球のいまとこれから』

菅井貴子著

目次 第1章 春の異変，第2章 夏の異変，第3章 秋の異変，第4章 冬の異変，第5章 天気の正常・異常を知る，第6章 地球の異変，第7章 知っておきたい知識，第8章 異常気象から身を守る

メイツユニバーサルコンテンツ　2023.4　128p　21cm（まなぶっく）　1630円　Ⓝ451
Ⓘ978-4-7804-2767-7

『空を見るのが楽しくなる！雲のしくみ─雲と天気の関係を知って未来を予想してみよう』

荒木健太郎，津田紗矢佳著

目次 雲の正体に迫る，雲は大きく分けて10種類，巻雲，巻積雲，巻層雲，高積雲，高層雲，乱層雲，層積雲，層雲，積雲，積乱雲，雲の種、変種、副変種，雲ができるしくみ，「大気の状態が不安定」とは！？，積乱雲の特徴，積乱雲の一生，積乱雲の形態，雨が降るしくみ，雪の結晶のしくみ，「ゲリラ豪雨」はなぜ起こる？，集中豪雨をもたらす線状降水帯，雷のしくみ，雹のしくみ，竜巻のしくみ，温帯低気圧の一生，台風の一生，危ない温帯低気圧，冬季日本海側の大雪，雲を予報する，雨雲を観測する，宇宙から雲を観測する，雲を正確に予測するために，未知の多い雲迫る，観天望気とは？，積乱雲の観天望気

内容 身近な自然である「雲」について、やさしく、ていねいに解説！豊富なビジュアルと解説で「雲のきほん」がしっかりわかる！何気なく見ていた空や天気予報が、より楽しくなる情報が満載。親子でできる実験も。未知の雲に挑む最先端の研究についても紹介。本文のすべての漢字にふりがなを振ってあるので、小学校低学年でも読み進められます。

誠文堂新光社　2022.1　79p　24×20cm（子供の科学サイエンスブックスNEXT）　2500円
Ⓝ451.61　Ⓘ978-4-416-52211-0

『だれでもかんたん！天気観察入門ビジュアルBOOK』

武田康男写真・解説

目次 1 天気ってなんだろう？─天気はどうやって決まる？（きほんの「き」は太陽光のあたり方，季節は太陽に対する地球の位置で決まる ほか），2 いろいろな気象（空の9割以上が青空 快晴，雲が2〜8割あっても 晴れ ほか），3 日本の気候（日本の気候，天気図の見方 ほか），4 気象の異常（地球温暖化，ゲリラ豪雨 ほか），5 気象観察のしかた（気象観測のきほん，気温をはかる ほか）

内容 いちばんやさしい天気・気象の図鑑。大きく美しい写真と、イラストでやさしく解説！身近な天気から、異常気象まで。自由研究・調べ学習にもピッタ

リ！！

東京書店　2022.7　127p　26×22cm　1800円　Ⓝ451　Ⓘ978-4-88574-465-5

『天気を知って備える防災雲図鑑』

荒木健太郎，津田紗矢佳著

目次　第1章　雲と空を知ろう（雲の名前，空と雲の色を決める光 ほか），第2章 知っておきたい気象のキーワード（雨はどうやって降る？，どんなすがたの雪 の結晶がある？ ほか），第3章　気象災害のメカニズム（積乱雲の特徴とその一生, 積乱雲がもたらす危険な現象 ほか），第4章　災害への備え（もしも天気が急変 したら，風水害に備えよう ほか）

文溪堂　2022.1　111p　30cm　4500円　Ⓝ451.61　Ⓘ978-4-7999-0423-7

天気の学校』

荒木健太郎著

目次　そらのしゃしん館，1じかんめ　天気のきほん，2じかんめ　空にうかぶ雲，3 じかんめ　空から降ってくるもの，4じかんめ　地球上をめぐる風と海，5じかん め　異常気象と災害，6じかんめ　いろいろな気候，7じかんめ　天気を読みとる

内容　この本は、天気や気象のしくみを、図や写真を使ってわかりやすく紹介し ています。空をながめてふしぎだなと思ったこと、天気予報で聞いて「なんだ ろう？」と思ったことばなど、いろいろななぞがとけます。空を見るのもきっ と楽しくなるでしょう。

ニュートンプレス　2023.5　175p　19cm（ニュートン科学の学校シリーズ）　1400円

Ⓝ451　Ⓘ978-4-315-52695-0

『天気のクイズ図鑑』

佐藤公俊監修

目次　天気、これ知ってる？クイズ，雲、風、かみなりのクイズ，天気予報のクイズ, 防災のクイズ，雨や雪、氷のクイズ，光と色のクイズ，台風のクイズ，天気い ちばん！クイズ，天気ものしりクイズ

内容　100問の楽しくてためになるクイズ！雲、虹、たつまき、ひょう、異常気 象まで！天気のびっくり&なるほどクイズにちょうせんしよう。

Gakken　2015.5　198p　15cm　850円　Ⓝ451　Ⓘ978-4-05-204120-4

『天気予報をしてみよう』

武田康男，菊池真以監修

目次 この先の天気を予想するには，1章 天気をしらべて記録する（晴れとくもりは何で決まる？，空日記をつけよう1 一日の空の変化を記録しよう，空日記をつけよう2 毎日、決まった時間に記録しよう，気温をはかろう1 一日のうちで気温はどう変化する？，気温をはかろう2 場所によってことなる気温，湿度と降水量をはかる，気圧と風向・風速をはかる，観測結果をまとめよう），2章 天気予報にチャレンジ！（天気図の読みかた，高気圧と低気圧ができるわけ，前線ができるわけ，風の動き（風向と風力）を読む，天気図から天気を読みとる），3章 天気予報ができるまで（さまざまな気象観測，気象データをもとに天気予報をつくる，民間気象会社の仕事，インタビュー 気象予報士ってどんな仕事？），資料編

ポプラ社　2022.4　47p　29cm（気象予報士と学ぼう！天気のきほんがわかる本〔1〕（吉田忠正　文））　3000円　Ⓝ451　Ⓘ978-4-591-17273-5

『天気予報と日本の天気』

木原実監修

目次 気温を正しくはかれるのは日かげ、日なたのどっち？，真夏日と猛暑日って、どっちがあついの？，なぜ、日本には四季があるの？，春一番って、なに？，木枯らしは、冬にふく風のことって、ホント？，日本の気候は海流の影響を大きく受けているって、ホント？，日本海側で雪が多いのに、太平洋側では少ないのは、なぜ？，雨の多い時期によくきく「前線」って、なんのこと？，雨がどれくらいふったら、梅雨になるの？，日本に上陸する台風は、1年間にいくつある？〔ほか〕

内容 クイズ形式で天気、気象、気候といった基本的な用語を学習し、日本や世界の異常気象と地球温暖化との関係について考える。

フレーベル館　2010.12　47p　30cm（お天気クイズ〔2〕）　2600円　Ⓝ451
Ⓘ978-4-577-03861-1

『ドラえもん科学ワールド 天気と気象の不思議』

藤子・F・不二雄まんが，藤子プロ，大西将徳監修，小学館ドラえもんルーム編

目次 水と湿度，大気と気圧，太陽と気温，風の正体，雲の種類，雨の不思，雪と氷の世界，雷と竜巻，台風の科学，海洋と気象の関係，世界の気候，天気予報と天気図，気象観測の今，地球温暖化と人類

内容 南北に細長く、地形も変化に富んだ日本にはさまざまな気候や気象が存在する。天気の基本から現代の気象観測技術まで、まんがを読みながら学べる本。

小学館　2014.9　213p　19cm（ビッグ・コロタン〔134〕）　850円　Ⓝ451
　Ⓘ978-4-09-259134-9

『日本列島季節の天気』

武田康男，菊池真以監修

目次 1章 春の天気（春の代表的な天気，春はこんな天気に気をつけよう ほか），
2章 梅雨の天気（梅雨の代表的な天気，梅雨はこんな天気に気をつけよう ほか），
3章 夏の天気（夏の代表的な天気，夏はこんな天気に気をつけよう ほか），4章
秋の天気（秋の代表的な天気，秋はこんな天気に気をつけよう ほか），5章 冬
の天気（冬の代表的な天気，冬はこんな天気に気をつけよう ほか）

ポプラ社　2022.4　47p　29cm（気象予報士と学ぼう！天気のきほんがわかる本〔5〕
（遠藤喜代子 文））　3000円　Ⓝ451　Ⓘ978-4-591-17277-3

『マコト★カガク研究団 天気と気象』

荒木健太郎監修

目次 ミッション01 雲と雨，ミッション02 天気予報，ミッション03 台風と竜巻，
ミッション04 地球と気象，ミッション05 日本の四季，ミッション06 異常気象

内容 一生使える、ホンモノの科学知識が身につく！中学入試にも役立つ！

ニュートンプレス　2024.6　143p　19cm　1300円　Ⓝ451　Ⓘ978-4-315-52816-9

『みんなが知りたい！気象のしくみ——身近な天気から世界の異常気象まで〈新版〉』

菅井貴子著

目次 第1章 身近なことから学ぶ気象のしくみ（雲・雨・風，太陽・雷，雪・ひょう・
あられ，もや・霧，竜巻・台風，現象アラカルト1），第2章 天気予報がわかる！
気象観測のしくみ（天気図，現象アラカルト2，気象観測，ニュースの天気予報），
第3章 日本、世界の気候と異常気象（ご当地気候，温暖化・異常気象，気象災害）

内容 どうして世界中で異常気象が起こっているの？気象観測ってどうやってや
るの？雨が降るしくみが知りたい！気圧配置って何？天気にどう影響するの？
調べ学習に役立つ！写真&図解でやさしく解説。

メイツユニバーサルコンテンツ　2024.4　128p　21cm（まなぶっく）　1630円　Ⓝ451
　Ⓘ978-4-7804-2890-2

『よくわかる！ 天気の変化と気象災害 第1巻 調べよう！天気の変化』

森田正光監修

目次 第1章 見上げよう空を―あの雲何に見えるかな？（調べよう雲の形や種類，調べよう気温とその変化，調べよう目には見えない気圧，調べよう風の向きや強さ），第2章 水蒸気、雲、雨、雪―姿を変えて旅する水（調べよう雨や雪，調べよう空気のしめり気），第3章 晴れ？雨？雷？―天気を作る前線と気団（調べよう天気を変える前線，調べよう日本のまわりの気団）

Gakken　2016.2　56p　29cm　3000円　Ⓝ451
Ⓘ978-4-05-501143-3

『よくわかる！ 天気の変化と気象災害　第2巻　変わり始めた！世界の天気』

森田正光監修

目次 第1章 地球規模で見る世界の天気（世界のいろいろな気候―気候によって変わる暮らし方，大気の大きな動き―大気は地球をかけめぐる，海水の温度と天気のかかわり―海水温で世界の天気が変わる），第2章 異常気象を調べよう（暖かくなる地球―地球温暖化と天気，温暖化で何が起きるの？―地球温暖化の影響，温暖化対策は…―温暖化の適応策），第3章 地球環境へのダメージ（酸性の雨が降ってくる―酸性雨とPM2.5，オゾン層って何？―オゾン層に穴があ
く），第4章 地球を病気にしないためにわたしたちにできること（世界全体で考える―世界と日本が行っていること，積み重ねが大切！―さあ、わたしたちも始めよう），実習編 家でも！学校でも！気象災害にそなえよう！（遊びを通して避難の練習をしよう！，自分の地域の歴史を知ることで、災害の予知につなげよう，災害時にけがをしたら、落ち着いて応急処置を）

Gakken　2016.2　48p　29cm　3000円　Ⓝ451　Ⓘ978-4-05-501144-0

『よくわかる！ 天気の変化と気象災害　第3巻　気象災害からくらしを守る』

森田正光監修

目次 増えている気象災害にそなえよう（警報を知って身を守る），第1章 雨や風による災害（ザーザー、土砂降りどう身を守る！？―集中豪雨と局地的大雨，強風、大雨からどう身を守る！？―台風，ピカッ！ゴロゴロからどう身を守る！？―雷，強いうず巻きからどう身を守る！？―竜巻が発生したら…），第2章 暑さ・寒さによる被害（ジリジリ…

ギラギラ…どう身を守る！？―やっかいな暑さ「酷暑」，降りやまない雪…どう身を守る！？―寒さや大雪による被害），第3章 地震や火山の噴火による被害（グラグラ，ドーン！からどう身を守る！？―地震，溶岩やマグマ、火山灰からどう身を守る！？―火山の噴火が起こったら…）

Gakken　2016.2　48p　29cm　3000円　Ⓝ451　①978-4-05-501145-7

『よくわかる！　天気の変化と気象災害　第4巻　天気とわたしたちの生活（春・夏）

森田正光監修

目次　第1章 春―暖かくなると…（周期的に変わる―春の天気の特徴，春とわたしたちの生活―生物から季節を知ろう，春とわたしたちの生活―春のちょっと困りもの），第2章 春から初夏へ―第5の季節「梅雨」（長引く雨―梅雨の天気の特徴，梅雨とわたしたちの生活―梅雨のジメジメはカビをまねく，梅雨とわたしたちの生活―雨続きの天気も役立つ！），第3章 夏―暑くなると…（厳しい暑さ、雷や夕立―夏の天気の特徴，夏とわたしたちの生活―夏に起こる困ったこと，夏とわたしたちの生活―冷夏と猛暑，夏とわたしたちの生活―山の天気、海の天気，夏とわたしたちの生活―夏の暑さをくふうして乗り切る！），第4章 天気図を読んでみようかいてみよう（天気図の基本―天気図を読んでみよう！，天気図の基本―天気図をかいてみよう！）

Gakken　2016.2　44p　29cm　3000円　Ⓝ451　①978-4-05-501146-4

『よくわかる！　天気の変化と気象災害　第5巻　天気とわたしたちの生活（秋・冬）』

森田正光監修

目次　第1章 秋―すずしくなると…（秋の天気はすぐ変わる―秋の天気の特徴，秋とわたしたちの生活―秋の訪れあれこれ），第2章 毎年やってくる！台風の季節（近づくとソワソワ…気になる！台風の進路，台風の一生―台風が生まれてから消えるまで，台風とわたしたちの生活―台風は、悪いことばかりではない！？），第3章 冬―どんどん寒くなって…（冬将軍がやってくる！―冬の天気の特徴，地域による冬の天気の特徴―冬の天気は日本海側と太平洋側で異なる！，雪のいろいろ―雪の降り方あれこれ，冬とわたしたちの生活―寒さを乗り切り春を待つ生き物たち，冬とわたしたちの生活―くふうがいっぱい！雪国の暮らし，冬とわたしたちの生活―寒さを楽しもう！），第4章 天気予報について知ろう！（天気予報の種類と用語―天気予報に

はどんなものがあるの？，教えて！気象庁の仕事―気象庁はどんなことを観測しているの？，天気予報の流れは？―天気予報が出されるまで，気象予報士になろう―知りたい！気象予報士の仕事）

Gakken　2016.2　44p　29cm　3000円　Ⓝ451　Ⓘ978-4-05-501147-1

『予想→観察でわかる！天気の変化〔1〕（雲と雨）』

筆保弘徳監修

目次　ギモン1 雨がふるときとふらないときで何がちがうの？（雨をふらせる雲とふらせない雲がある？），ギモン2 白っぽい雲と黒っぽい雲はどうちがう？（雲の色がちがうのは厚みのせい？），ギモン3 そもそも雲って何でできているの？（雲は水蒸気と関係している？，工場のけむりが雲になる？），ギモン4 どうして雲から雨が落ちてくるの？（上昇気流が弱くなって落ちてくる？，水のつぶが重くなって落ちてくる？），ギモン5 上昇気流が起きるのはなぜ？（斜面にそって起きている？，空気が温められることで起きている？）

理論社　2024.5　47p　29cm　3000円　Ⓝ451　Ⓘ978-4-652-20621-8

『予想→観察でわかる！天気の変化〔2〕（台風）』

筆保弘徳監修，kikiiクリモトイラスト

目次　ギモン1 台風ってなんだろう？（風が集まってできたもの？，雲が集まってできたもの？），ギモン2 台風ができる条件は？（雲さえあればどこでも発生する？，ものすごくたくさんの雲が必要？），ギモン3 台風はどうやって動くの？（海の流れと同じように動く？，雲と同じように動く？），ギモン4 台風の特ちょうはすべて同じ？（台風によって特ちょうがちがう？）

理論社　2024.6　47p　29cm　3000円　Ⓝ451　Ⓘ978-4-652-20622-5

『予想→観察でわかる！天気の変化〔3〕（季節）』

筆保弘徳監修

目次　ギモン1 桜の開花と気温は関係がある？（桜がさく気温は決まっている？），ギモン2 夏に一番暑くなるのはどういうところ？（南の地域ほど平均気温が高い？，太陽が照っている時間が長い地域ほど暑い？），ギモン3 秋の空

はどうして高く見えるの？（空気がすんでいるから高く見える？，秋は雲が空高くにできる？），ギモン4 雪がたくさんふるのはどういうところ？（北の地域ほど、多く雪がふる？，高い山ほど、多く雪がふる？）

理論社　2024.6　47p　29cm　3000円　Ⓝ451
Ⓘ978-4-652-20623-2

『予想→観察でわかる！天気の変化〔4〕（異常気象）』

筆保弘徳監修，kikiiクリモトイラスト

目次 ギモン1 本当に気温は高くなっているの？（最近はたまたま暑い年だっただけ？），ギモン2 このまま気温が上がりつづけたらどんなことが起きるの？（季節の植物の見ごろが変わる？），ギモン3 大雨ってどうして危ないの？（大雨でも、川に近づかなければ大丈夫？），ギモン4 地球温暖化や異常気象を食い止めるためにできることってあるの？（私たちにもできることがあるはず！）

理論社　2024.6　47p　29cm　3000円　Ⓝ451
Ⓘ978-4-652-20624-9

『るるぶマンガとクイズで楽しく学ぶ！天気のひみつ─天気のしくみ・防災・異常気象:オールカラーのイラストや図解でわかりやすい』

くぼてんき，岩谷忠幸監修

目次 巻頭マンガ 2100年の世界にはアレがない！？どうなる！今と未来の異常気象，第1章 雲を知って、災害から身を守れ！，第2章 雨、雪、虹！水がもたらす現象，第3章 風はなぜ吹く？台風はなぜ起きる？，第4章 奥が深い！天気予報のセカイ，第5章 日本&世界の気候を知りたい！，巻末マンガ 地球といっしょに未来へサバイバル！

内容 気象災害に備える防災知識が身につく！ニュースに出てくる天気の言葉がまるわかり。クイズに挑戦してすぐ復習ができる。

JTBパブリッシング　2022.8　176p　21cm　1200円　Ⓝ451　Ⓘ978-4-533-15019-7

『わかる！取り組む！新・災害と防災〔5〕（土砂災害・竜巻・豪雪）』

帝国書院編集部編集

目次 1 土砂災害─基礎、事例、対策（土砂災害と日本の自然環境，土砂災害の発生，広島県広島市，宮城県栗原市荒砥沢，土砂災害を防ぐ施設，土砂災害から命を守るために），2 竜巻による被害─基礎、事例、対策（竜巻の実態と発生のしくみ，日本における竜巻の被害，竜巻などの突風への対策），3 豪雪による被害─

基礎、事例、対策（大雪が降るしくみ，降雪の特徴と雪による被害，大都市札幌を襲った大雪（2022年），「平成26年豪雪」（2014年），世界にみる雪害・雪との共生，降雪への備え）

帝国書院　2024.2　47p　27cm　3200円　Ⓝ369.3　Ⓘ978-4-8071-6703-6，
978-4-8071-6698-5（セット）

◇台風のしくみ

『風はどこから吹いてくる』

鈴木邦夫著，大橋慶子絵

目次　風の正体は「移動する空気」，あたためられた空気はふくらみ、冷やされた空気はちぢむ，気温差ができると風が吹く，海から吹く風，陸から吹く風，山から吹く風，谷から吹く風，大気には圧力がある，大気圧の大きさ，大気圧の大きさを測る，風は大気圧が高いほうから低いほうへ吹く―風を起こす力，地上で風を吹き出す高気圧，風が吹き込む低気圧，地球のあたためられ方，赤道から極へ，極から赤道へ―地球規模で吹く風，夏のしめった暑い風は太平洋高気圧から吹いてくる，冬の冷たい風はシベリア高気圧から吹いてくる，上空を吹く高速の風―ジェット気流，台風の生まれ方，台風のふるさとと進路，地上最強の風―たつまき（トルネード），山をこえて、変身する風―フェーン現象

大月書店　2016.7　39p　21×22cm（そもそもなぜをサイエンス〔2〕）　2400円　Ⓝ451.4
Ⓘ978-4-272-40942-6

『ささやくかぜ うずまくかぜ―風のはなし〈新装版〉』

かこさとし絵と文

内容　かぜがふくのはなぜ？うみにはどうしてもくもくぐもができる？たいふうはどこでうまれる？空気は、地球のおおくの生きものにとってとてもたいせつなものなのに、色もなく、形や重さも感じられないので、あることを気にせずにくらしています。その姿のない空気を気づかせてくれるのは、風のうごきです。

農山漁村文化協会　2022.9　24p　29×22cm（かこさとしの地球の
かがくえほん）　2500円　Ⓝ451.4　Ⓘ978-4-540-22196-5

『台風・たつまきなぜできる？』

遠藤喜代子文，武田康男，菊池真以監修

目次 1章 大型台風ドキュメント（台風19号のあとをたどってみよう，大雨をもたらした台風19号 ほか），2章 台風が発生するしくみ（台風はなぜできる？，台風の目はなぜできる？ ほか），3章 台風と私たちのくらし（台風による風の被害，台風による雨の被害 ほか），4章 たつまきについて知ろう（たつまきはなぜできる？，たつまきによってもたらされる被害 ほか），資料編

ポプラ社 2022.4 47p 29×22cm（気象予報士と学ぼう！天気のきほんがわかる本〔4〕）
3000円 Ⓝ451 Ⓘ978-4-591-17276-6

『たいふうどうするの？―やさしくわかる ぼうさい・ぼうはんのえほん』

せべまさゆき絵，国崎信江監修，WILLこども知育研究所編著

内容 たいふうがくると、つよいかぜがふいて、ものがふきとばされてこわれたり、あめがたくさんふって、かわのみずがあふれたりするよ。きけんなときは、はやめにひなんするのがだいじだね。たいふうがくるまえにしっかりじゅんびしておこう！

金の星社 2017.3 1冊 27×24cm 1300円 Ⓝ369.33 Ⓘ978-4-323-03561-1

『パニック！モンスター台風大接近！』

長谷川拓也，茂木耕作監修，立花未来王漫画

内容 レオたちは、ふしぎ生物コロナといっしょに宇宙船コロナシップで地球の大気を大調査！ゲリラ豪雨、竜巻、エルニーニョ…数々の異常気象におそわれるレオたち。今の地球に、何が起きている！？

Gakken 2016.6 175p 23×17cm（学研まんが科学ふしぎクエスト） 1200円
Ⓝ451.5 Ⓘ978-4-05-204382-6

『ボジョレーといっしょに学ぶ自然災害〔風の災害〕』

柴山元彦，戟忠希監修，まつしたくにこ文・イラスト

目次 1 台風の季節，2 台風情報，3 台風と竜巻，4 台風の大きさと強さ，5 強風の危険，6 竜巻の発生，7 おそいくる竜巻，8 竜巻からの避難，9 台風一過…，10 風災害の記憶

創元社 2015.11 33p 27cm 1800円 Ⓝ369.3 Ⓘ978-4-422-31044-2

『わかる！取り組む！新・災害と防災〔4〕（豪雨・台風）』

帝国書院編集部編集

目次 1 日本の気候の特色と大気の動き―基礎（変化に富む日本の気候，四季に影響を与える季節風と海流，日本の生活・文化と自然災害），2 豪雨・台風を知

る—基礎（豪雨の発生のしくみ，台風の発生のしくみ，雨と風によるさまざまな被害，異常気象をもたらす世界的な現象），3 豪雨・台風による被害—事例（倉敷市真備町（小田川）・長野市（千曲川），茨城県常総市（鬼怒川），伊勢湾台風，世界にみる豪雨・台風），4 防災・減災の取り組み—対策（気象庁による気象観測と予報・警報，災害危険の予測・河川の整備，昔の人々の知恵・工夫），5 大都市における水害と対策—基礎、事例、対策（大都市で水害が起こるしくみ，都市水害の発生，シミュレーション，大都市における防災・減災の取り組み）

帝国書院　2024.2　55p　27cm　3200円　Ⓝ369.3　Ⓘ978-4-8071-6702-9，
978-4-8071-6698-5（セット）

◇災害の歴史

『明日の防災に活かす災害の歴史〔1〕（日本列島の誕生〜奈良時代）』

伊藤和明監修

目次 旧石器・縄文時代，弥生時代，古墳時代，飛鳥時代，奈良時代

内容 貝塚と津波、榛名山噴火、白鳳大地震、天平の大地震など。

小峰書店　2020.4　55p　30cm　3400円　Ⓝ210.17
Ⓘ978-4-338-33701-4

『明日の防災に活かす災害の歴史〔2〕（平安時代〜戦国時代）』

伊藤和明監修

目次 平安時代前期，平安時代後期，鎌倉時代，室町時代，戦国時代

内容 富士山貞観噴火、貞観三陸沖地震、元寇と台風、明応東南海地震など。

小峰書店　2020.4　55p　30cm　3400円　Ⓝ210.17
Ⓘ978-4-338-33702-1

『明日の防災に活かす災害の歴史〔3〕（安土桃山時代〜江戸時代）』

伊藤和明監修

目次 安土桃山時代，江戸時代初期，江戸時代中期，江戸時代後期

内容 元禄地震、富士山宝永噴火、浅間山天明噴火、安政江

戸地震など。

小峰書店　2020.4　55p　30cm　3400円　Ⓝ210.17
Ⓘ978-4-338-33703-8

『明日の防災に活かす災害の歴史〔4〕（明治時代～昭和時代中期）』
伊藤和明監修

目次 明治時代，大正時代，昭和時代初期，昭和時代中期

内容 磐梯山噴火、関東大震災、有珠山噴火、伊勢湾台風など。

小峰書店　2020.4　55p　30cm　3400円　Ⓝ210.17
Ⓘ978-4-338-33704-5

『明日の防災に活かす災害の歴史〔5〕（昭和時代後期～平成・令和時代）』
伊藤和明監修

目次 昭和時代後期，平成・令和時代，地震，火山

内容 雲仙普賢岳噴火、阪神・淡路大震災、東日本大震災、熊本地震など。

小峰書店　2020.4　64p　30cm　3400円　Ⓝ210.17
Ⓘ978-4-338-33705-2

『教訓を生かそう！日本の自然災害史〔1〕（地震災害 1（江戸～昭和の震災））』
山賀進監修

目次 江戸・明治時代の震災（ご開帳の参拝客が犠牲に 善光寺地震，立て続けに起きた地震と大津波 安政東海地震・安政南海地震，家屋の倒壊による死者が多数 安政江戸地震，巨大地震を引き起こした大断層 濃尾地震，お祝いの最中を襲った 明治三陸地震），大正時代の震災（10万5000人あまりが犠牲に 関東大地震，「地震は来ない」はずの地域を直撃 北但馬地震），昭和時代の震災（原因は大規模な地殻変動 北丹後地震，群発地震を起こした巨大断層 北伊豆地震，被害の大半は揺れではなく津波 昭和三陸地震，「隠された」大震災1 昭和東南海地震 ほか）

岩崎書店　2023.12　47p　29cm　3200円　Ⓝ450.981　Ⓘ978-4-265-09146-1

『教訓を生かそう！日本の自然災害史〔2〕（地震災害 2（平成以降の震災））』

山賀進監修

目次 避難の間もなく津波が襲来 北海道南西沖地震，大都市を襲った直下型地震 兵庫県南部地震，M7.3で奇跡的に犠牲者0 鳥取県西部地震，阪神・淡路以来2度目の震度7 新潟県中越地震，原子力発電所で事故発生 新潟県中越沖地震，予想できなかった超巨大地震 東北地方太平洋沖地震，大震災と続けざまに起こった 長野県北部地震，あとで来た本震の大揺れ 熊本地震，広範囲で土砂災害が発生 北海道胆振東部地震

岩崎書店 2024.1 47p 29cm 3200円 Ⓝ450.981
Ⓘ978-4-265-09147-8

『教訓を生かそう！日本の自然災害史〔3〕（火山災害—噴火・火砕流）』

山賀進監修

目次 平安・江戸・明治時代の火山災害（溶岩流が富士五湖を生んだ 貞観大噴火，火山灰がもたらした壊滅の被害 宝永大噴火，浅間山史上最大の噴火 天明大噴火，日本史上最悪の火山災害 島原大変肥後迷惑，山体を崩壊させた噴火 磐梯山噴火，全島民125人が犠牲に 伊豆鳥島の噴火），大正・昭和時代の火山災害（島を陸続きにした溶岩流 桜島大正大噴火，ハザードマップ普及に貢献 十勝岳噴火，昭和新山ができた噴火 有珠山噴火，修学旅行の生徒たちが被災 阿蘇山噴火，全島民が避難する緊急事態 伊豆大島噴火），平成以降の火山災害（火砕流の怖さがわかった噴火 雲仙普賢岳噴火，予知に成功して犠牲者0に 有珠山噴火，4年5か月も避難生活が続いた 三宅島噴火，噴火による犠牲者が戦後最大 御嶽山噴火）

岩崎書店 2024.1 47p 29cm 3200円 Ⓝ450.981 Ⓘ978-4-265-09148-5

『教訓を生かそう！日本の自然災害史〔4〕（気象災害—台風・豪雨・豪雪)』

山賀進監修

目次 昭和時代の気象災害（陸上での気圧の最低記録 室戸台風，山崩れが市街地を襲った 阪神大水害，終戦直後を襲った猛烈な台風 枕崎台風，利根川や荒川を決壊させた カスリーン台風，暴風雨で青函連絡船が遭難 洞爺丸台風

ほか)，平成以降の気象災害（冷夏で店頭から米が消えた 1993年米騒動，各地で過去最大の積雪量 平成18年豪雪，線状降水帯という言葉を広めた 平成26年8月豪雨，九州を中心に記録的な豪雨 平成29年7月九州北部豪雨，西日本で堤防決壊の甚大な被害 平成30年7月豪雨 ほか)

岩崎書店　2024.2　47p　29cm　3200円　Ⓝ450.981　Ⓘ978-4-265-09149-2

『災害伝承の大研究―命を守るために、どう伝える？』

佐藤翔輔監修

目次 第1部 災害伝承って何だろう？（自然災害の多い日本，災害伝承とは？，どうして災害伝承が必要なの？ ほか)，第2部 災害伝承の例を見てみよう（災外伝承碑が語る教訓，多くの村人を救った「稲むらの火」，自分の命を守りぬく「てんでんこ」ほか)，第3部 災害体験をどう伝え、残すか（災害伝承と災害遺構，未来のため、災害を伝える伝承施設，東日本大震災の伝承の活動・施設は？ ほか)

PHP研究所　2021.9　55p　29cm　（楽しい調べ学習シリーズ）
3200円　Ⓝ369.3　Ⓘ978-4-569-88018-1

『調べてわかる！日本の川〔2〕（いのちと暮らしを守るために)』

佐久間博編著

目次 治水の歴史を知って、水防に活かそう！，山と川の国「日本」，気候変動によって、大規模な水害が多発している！，治水―洪水との闘いの歴史，治水の歴史1―奈良時代に活躍した僧侶・行基，治水の歴史2―平安時代、治水工事でも天才ぶりを発揮した空海，治水の歴史3―戦国時代の武将・武田信玄は、治水事業でも名を馳せた！，治水の歴史4―天下人・豊臣秀吉の治水事業，治水の歴史5―"土木の神様"と称えられた加藤清正，治水の歴史6―福岡藩の初代藩主・黒田長政は、洪水対策にも手腕を発揮！仙台藩の悲願、新田開発と河川改修に挑んだ川村孫兵衛重吉〔ほか〕

汐文社　2021.11　47p　27×19cm　2600円

『津波！！稲むらの火その後』

高村忠範文・絵

内容 絵本『津波！！ 命を救った稲むらの火』の続編。津波から多くの人命を救った五兵衛（浜口梧陵）は、村に堤防

をつくることで村人に仕事を与え、その後新たに押し寄せる津波から再び村を守った。

汐文社　2011.8　31p　31cm　1800円　Ⓝ726.6
Ⓘ978-4-8113-8817-5

『津波から人びとを救った稲むらの火──歴史マンガ 浜口梧陵伝』

「歴画浜口梧陵伝」編集委員会監修，環境防災総合政策研究機構企画・制作，クニトシロウ作・画

内容　江戸時代末期の安政元年（一八五四年）、巨大地震によって引きおこされた大津波が村むらをおそったとき、避難場所の目印にと、貴重な稲むらに火をつけ、多くの人びとを救ったひとりの男がいた…浜口梧陵である。戦前・戦中、不朽の防災テキストといわれた「稲むらの火」のモデルとなった浜口梧陵。その真実の姿が、今、ここにあきらかにされる。読んで見て学ぶ「津波への備え」。

文溪堂　2005.9　151p　21cm　1200円

『津波からふるさとを守った浜口梧陵──歴史マンガ「稲むらの火」』

クニ・トシロウ作・画

内容　江戸時代末期の安政元年（一八五四年）、大地震によって引き起こされた大津波が村むらをおそったとき、浜口梧陵は、貴重な稲むらに火をつけ、人々を救った…。戦前・戦中、防災のテキストといわれた「稲むらの火」のモデルであり、今も国語教科書に掲載されている浜口梧陵の真実の姿をユーモアたっぷりのマンガで描く。地震・津波のメカニズムや防災知識のほか、東日本大震災の教訓も入ったマンガで知る「災害の備え」！

文溪堂　2015.2　143p　21cm　1300円

『東京市立小學校兒童 震災記念文集──尋常一年の巻～高等科の巻』

東京市學務課編纂編

目次　尋常一年の巻（大ヂシン（浦壁靖子），ヂシンノコト（湯村信一）ほか），尋常二年の巻（大しんさい（的場政夫），九月一日のぢしん（浦口茂子）ほか），尋常四年の巻（九月一日の地震と火事（菅野迪夫），震災後の生活（藤田一雄）ほか），尋常五年の巻（思ひ出すあの一日（橘英則），大震災の記（都々野園子）ほか），尋常六年の巻（大正大震災の記（岩崎之隆），あゝ恐しかった九月一日（小林繁吉）ほか），高等科の巻（逃げのびるの記（櫻井芳枝），大地震大火災（鈴木三郎）ほか）

展望社　2022.9　380p　19cm　1800円　Ⓝ369.31　Ⓘ978-4-88546-422-5

『マンガでわかる災害の日本史』

磯田道史著，河田惠昭防災監修，備前やすのりマンガ

目次 第1章 地震の日本史，第2章 津波の日本史，第3章 噴火の日本史，第4章 台風・水害の日本史，第5章 土砂災害の日本史，第6章 感染症の歴史，第7章 防災・減災や復興を読みとく

内容 古文書に基づいて過去の大災害をビジュアル化。命を守る総合学習に最適。

池田書店　2021.2　255p　21cm　1500円　Ⓝ210.17　Ⓘ978-4-262-15573-9

『悠久の河──周藤彌兵衛翁物語』

村尾靖子作，クミタリュウ絵，ノビ・キーリ英訳

内容 今から三百六十年ほど昔。災害から村と村人たちを救うために立ち上がった、庄屋の一族がいた。のどかな村を取り囲むように流れる意宇川。日ごろは村の民に幾多の恵みを与える川も、大きな岩山が張り出し、水の流れは曲がりくねり、流れが細くなっている場所があったため、一度大雨に見舞われると、川の流れは濁流となり、村を呑み込んだ。家屋は流され、多くの人命が失われ、村は壊滅寸前となった。災害におびえる村人たちを目にして、生涯をかけて岩山と格闘する決意をした庄屋、周藤彌兵衛。「村の民の幸せがなければ、庄屋の幸せはない」との思いから、身代をかけて、岩山に挑むこと、実に四十二年。現代社会にも通じる彌兵衛の願いとは、精神とは、行動力とは…。

今人舎　2015.9　79p　31×22cm　2500円　Ⓝ289.1　Ⓘ978-4-905530-45-9

『勇者はなぜ、逃げ切れなかったのか──歴史から考えよう「災害を生きぬく未来」』

田所真著

内容 日本列島では、わたしたちの祖先が住みはじめたと考えられる三万年ほど前から今日までの間に、大地震や火山噴火、水害など、たくさんの自然災害が起きてきました。災害に直面した祖先たちは、危険からのがれるために、どんな行動をとったのでしょう？災害を経験したあとは、次に備えて、どんな生活をしていたのでしょう？そのような祖先たちの姿を明らかにするのが、考古学という学問です。地中にうもれた遺跡を調べることで、災害のときの行動が明らかになったり、災害を防ぐ生活の工夫がわかったりしてきました。

くもん出版　2016.1　111p　22cm　1400円　Ⓝ210.025　Ⓘ978-4-7743-2453-1

◇災害からの復興

『熊本城復活大作戦──地震から二十年かけて進む道のり』

佐和みずえ著，網田龍生監修・解説

内容 二〇一六年四月に起きた熊本地震で、大きな被害を受けた熊本城。およそ二十年とされる修復作業が進められています。日本が誇る名城を、ただ直すだけではありません。三つの大きな取り組みが、それと同時におこなわれています。（1）しっかりと調査研究を進め、石垣や建物、そして築城の秘密を解く。（2）城内の被災のようすから、観光地での災害発生時の対策を考える。（3）修復のようすを公開し、文化財を未来に伝えることの意味を発信する。そして特別公開が始まり、ようやく天守閣に近づけるようになりました。一歩一歩復興に向かう熊本城を案内しましょう。

くもん出版　2020.3　110p　22×16cm　1400円　Ⓝ521.823
Ⓘ978-4-7743-2723-5

『くまモン──地域振興と災害復興にかけまわる次世代のリーダー』

森真理まんが，三条和都ストーリー，熊本県くまモングループ監修，蒲島郁夫解説

目次 第1章　くまモン、関西へ，第2章　くまモン大活躍，第3章　しあわせ部長，第4章　熊本地震，第5章　立ち上がれ、くまモン，学習資料館

内容 九州新幹線が開業する熊本県のPRのために誕生し、2011年のゆるキャラグランプリで優勝、日本一有名なご当地キャラになったくまモン。2016年4月の熊本地震から復興を目指す熊本の人びとを支えるくまモンの奮闘記！

小学館　2018.8　159p　21cm（小学館版学習まんが）　950円　Ⓝ318.694
Ⓘ978-4-09-227196-8

『3.11復興の取り組みから学ぶ未来を生き抜くチカラ〔1〕（困難を乗り越える・人とつながる）』

赤坂憲雄監修

目次 01「列車が走る」日常を取りもどす 三陸鉄道の再開，02 写真を救い、思い出を守る 写真救済プロジェクト，03 命を救い、命の尊さを知った 陸上自衛隊多賀城駐屯地の救援活動，04 1つでも多くの命を救う 石巻赤十字病院の災害医療，05 人のつながりと笑顔を PEP Kids Koriyamaの設立，06 震災を考える「きっかけ」をつくる きっかけバス47

内容 東日本大震災からの復興をめざして、力を尽くした人たちのストーリーを、多数の写真とともに紹介。1は、「三陸鉄道の再開」「写真救済プロジェクト」などを収録。「学ぶ」ページでは、整理用の書き込み欄あり。

日本図書センター　2015.2　47p　31cm　3600円　Ⓝ369.31　①978-4-284-20297-8

『3.11復興の取り組みから学ぶ未来を生き抜くチカラ〔2〕（地域を愛する・自然と共に生きる）』

赤坂憲雄監修

目次 01 石巻に「復興ののろし」をあげる 日本製紙石巻工場の復興，02 美しいふるさとを取りもどす 高田松原と奇跡の一本松，03 ぼくらのまちは、ぼくらがつくる 子どもまちづくりクラブ，04 伝統の祭りは、われらの誇り 相馬野馬追の復活，情報コラム 東北地方って、どんなところ？，05 自然を守り、海と生きる「森は海の恋人」の取り組み，06 綿が新しい産業を生み出した 東北コットンプロジェクト

内容 東日本大震災からの復興をめざして、力を尽くした人たちのストーリーを、多数の写真とともに紹介。2は、「日本製紙石巻工場の復興」「相馬野馬追の復活」などを収録。「学ぶ」ページでは整理用の書き込み欄あり。

日本図書センター　2015.2　47p　31cm　3600円　Ⓝ369.31　①978-4-284-20298-5

『3.11復興の取り組みから学ぶ未来を生き抜くチカラ〔3〕（防災を知る・日本の未来を考える）』

赤坂憲雄監修

目次 01 写真で伝える被災地の現実 3／11キッズフォトジャーナル，02 やりたくなる新しい防災訓練 レッドベアサバイバルキャンプ，03 未来の人命救助のかたちを変える 災害対応ロボットQuince，04「免許取得」で生きがいを獲得 重機免許取得プロジェクト，05 民話で語りつぐ、震災の記憶 みんなで創る防災の現代民話プロジェクト，06 環境未来都市としての復興 東松島市のまちづくり

内容 「同じ悲劇を繰り返したくない。」そんな思いで、ある人は自分の経験を記録し伝えはじめました。人間の代わりに危険な場所で働くロボットを開発した人もいます。理想の未来を実現するために、いま自分たちにできることを考えます。東日本大震災からの復興をめざして、力を尽くした人たちのストーリーを、多数の写真とともに紹介。3は、「レッドベアサバイバルキャンプ」などを収録。「学ぶ」ページでは整理用の書き込み欄あり。

日本図書センター　2015.2　47p　31cm　3600円　Ⓝ369.31　①978-4-284-20299-2

『小さくても大きな日本の会社力〔9〕（考えたい！東日本復興のためにできること）』

坂本光司監修，こどもくらぶ編

内容 この巻では、2011年3月11日におきた東日本大震災で自ら被災しながらも翌日から6日間にわたって手書きのかべ新聞を発行しつづけた新聞社や、6つあった工場すべてが被害を受けたことで社員を全員解雇して工場再開と再雇用をはたした水産加工会社、津波で酒蔵をうしない避難先でふたたび酒づくりにとりくむ酒造店、被災地に音筆というIT機器をつかって絵本の朗読をとどけつづける児童書の出版社などを紹介しています。

同友館　2013.3　37p　30cm　2800円　Ⓘ978-4-49604-921-7

『守ろう！みんなの東北〔2〕（復興と気候編）』

青木健生原作，藤原ちづる漫画，東北活性化研究センター監修

内容 現実の東北とそっくりだけど東北とは違う不思議な世界、バケモノが暮らす「もうひとつの東北」に飛ばされた、岩手の少年・石澤研治、青森の少女・玉神むつみ、福島の少女・花咲ななえの3人は、現実の東北の怒り・不安・不満によって生み出された「もんのけ」が突きつけてきた難題を見事解決してみせた。だが、彼らの「もうひとつの東北」をめぐる冒険はまだまだ始まったばかり。舞台は岩手を飛び出し、宮城、そして山形へ！行く先々で研治たちの前に新たな「もんのけ」が立ちふさがる。彼らが突きつけるのは東北にまつわるまた別の難題。研治たちは「もんのけ」の怒りにどう向き合っていくのか？宮城、山形、秋田から新たな仲間を加え、東北を救う冒険の第2章がいま、スタートする！

マイクロマガジン社　2021.12　109p　21cm（まんが地域学習シリーズ）　1000円
Ⓝ291.2　Ⓘ978-4-86716-216-3

◇報道・メディア

『池上彰と考える災害とメディア〔1〕（災害情報とメディアの特徴）』

池上彰監修

目次 第1章 災害情報を理解しよう（災害情報とは何か，災害情報の伝わり方），第2章 災害のメカニズムを知ろう（災害とは何か，自然災害＝地震＝世界の約10％の地震が、日本とその周辺で起こっている！，自然災害＝津波＝わずか30cmでも危険！，自然災害＝台風・洪水＝被害は地球温暖

化で大きくなる！，自然災害＝火山噴火＝日本には活火山が111もある！，特殊災害＝感染症によるパンデミック＝災害時にはかかりやすい！），第3章 災害情報を取得するためのメディア知識（メディアの種類と役割，災害にまつわるメディア接触時の注意点，災害発生前に役立つ情報の接し方，災害発生中・発生直後に役立つ情報の接し方，災害発生後，復旧・復興に役立つ情報の接し方）

文溪堂　2021.2　47p　30cm　3200円　Ⓝ369.3　Ⓘ978-4-7999-0390-2

『池上彰と考える災害とメディア〔2〕（防災・減災のための災害予測）』
池上彰監修

目次　第1章 事前に災害の発生を知ることができる！？（自然災害は予測ができる！？，予知・予測が難しい地震），第2章 さまざまな事前情報（地震の発生予測情報をどう見る？，津波は地震の直後にやってくる！！，どうやって台風の進路予想をする？，河川の氾濫はどうやって予測するか），第3章 災害事前情報はここで手に入れ，こう生かせ！（平常時に知っておきたい情報は？，警戒期の事前情報って何？，災害別に見るメディアからの情報，被害を防ぐ防災・減らす減災）

文溪堂　2021.3　47p　30cm　3200円　Ⓝ369.3
Ⓘ978-4-7999-0391-9

『池上彰と考える災害とメディア〔3〕（災害から命を守る情報収集）』
池上彰監修

目次　第1章 災害時の避難に関する情報メディア（災害発生時の情報メディアの活用方法，警戒レベル情報の読み取り方，情報伝達経路はどうなっているか），第2章 安全な避難のために（備えておきたい防災グッズ，避難のための情報収集，避難についての判断のポイント），第3章 災害直後のデマ・フェイクニュースへの対応（災害発生中・直後のソーシャルメディア活用術，フェイクニュースに気をつけろ！，災害時に実際に広がったデマ・フェイクニュース，知らないうちにフェイクニュースの発信者になってしまう？）

文溪堂　2021.3　47p　30cm　3200円　Ⓝ369.3　Ⓘ978-4-7999-0392-6

『池上彰と考える災害とメディア〔4〕（復興のためのメディア情報）』
池上彰監修

目次 第1章 災害発生中・発生直後の情報収集のポイント（災害時の安全確保と安否確認行動，避難所での災害情報の取り方，避難所以外での災害情報の取り方），第2章 二次災害・複合災害に気をつけろ（二次災害の注意点，二次災害から身を守るために，複合災害のことを知っておこう，二次災害・複合災害と情報・メディア，東日本大震災の教訓），第3章 被災から復興に向けてのメディア・情報の役割（復旧・復興時のメディアと情報，復旧・復興期の情報は正確性を優先，災害時に役立つスマートフォン、でも頼りすぎはダメ！！）

文溪堂　2021.3　47p　30cm　3200円　Ⓝ369.3　Ⓘ978-4-7999-0393-3

◇報道写真集

『河北新報特別縮刷版 3・11東日本大震災カラー版1カ月の記録─2011・3・11〜4・11紙面集成』

河北新報社編

内容 被災者とともに歩む東北の新聞、河北新報1カ月の主要紙面。私たちが暮らす美しい沿岸地域を巨大な津波が襲った。さらには、福島第一原発の危機的な事故。困難に立ち向かう人々とともにあることを意識した取材、報道をこの一冊に集成した。

竹書房　2011.6　223p　30cm　1200円　Ⓝ369.31　Ⓘ978-4-8124-4629-4

『完全復刻アサヒグラフ 関東大震災 昭和三陸大津波』

朝日新聞出版AERA編集部編

目次 関東大震災─大正12年10月28日発行特別号 大震災全記最も整つた記録と画報，昭和三陸大津波─昭和8年3月17日発行臨時増刊 三陸震災画報，全112ページ詳細解説（関東大震災，昭和三陸津波），特別寄稿「震災PTSDが塗り替えた昭和史」（養老孟司），特別リポート 関東大震災を予測した地震学者・今村明恒の悲運，関東大震災・昭和三陸地震・東日本大震災被害データ，奥付

内容 「関東大震災」「昭和三陸大津波」全112ページ詳細解説つき。

朝日新聞社　2011.11　124p　37cm　1800円　Ⓘ978-4-02-331017-9

自然災害について

『巨大津波が襲った3・11大震災──発生から10日間の記録 緊急出版特別報道写真集』

目次 グラビア，被災地マップ，発刊の言葉，津波，惨状，原発，救助，避難，前へ，河北新報朝刊，3・11大震災10日間のドキュメント

河北新報社，（仙台）河北新報出版センター〔発売〕 2011.5 128p 30cm 952円
Ⓝ369.31 Ⓘ978-4-87341-256-6

『航空写真集 阪神・淡路大震災──激震直後5日間の記録 1995年1月17日〜21日』

目次 神戸（中央区，兵庫区，長田区，須磨区，垂水区，灘区，東灘区），阪神（芦屋市，西宮市，宝塚市，尼崎市，伊丹市），淡路（北淡町，一宮町，津名町，東浦町，淡路町），明石

神戸新聞総合出版センター 1996.7 175p 30cm 2800円 Ⓝ369.31 Ⓘ4-87521-198-8

『写真記録東日本大震災──3・11から100日』

毎日新聞社著

内容 死者・行方不明が2万人を超え，いまだ11万人以上が不自由な生活を強いられている。3・11から100日間の写真記録。

毎日新聞社 2011.7 191p 29×22cm 1800円 Ⓝ369.31 Ⓘ978-4-620-60659-0

『写真記録 東日本大震災 3・11からの軌跡』

毎日新聞社著

内容 死者1万5845人，いまだ3340人が行方不明のまま。33万人を超える人々が家を失い，家族を亡くし，生活を奪われた。3・11から1年、過酷な現実を日常として生きぬいた被災地の記録。

毎日新聞社 2012.3 207p 28×21cm 1900円 Ⓝ369.31 Ⓘ978-4-620-60662-0

『震災復興──日本経済の記録』

日本経済新聞社編

内容 主要記事500本、写真100点で見る1年。組織や企業の垣根を越えた人々の奮闘、原発事故や政治の混乱で揺れた経済──。復興に向けた動きを振り返る。

日本経済新聞出版社 2012.2 295p 28×21cm 1900円 Ⓝ369.31
Ⓘ978-4-532-35505-0

『鎮魂3.11平成三陸大津波──岩手県気仙地域の被災と復興の記録』

内容 3月11日、各地を襲った大津波の写真から復旧、復興まで数百点を収録。

東海新報社，出版文化社〔発売〕 2013.3 2冊（セット） 30cm 3000円 Ⓝ369.31
Ⓘ978-4-88338-471-6

『特別報道記録集 三陸再興──いわて震災10年の歩み 2011・3・11 東日本大震災 岩手の記録〔5〕』

目次 巡る季節（巻頭グラフ），まち再生（写真でたどる12市町村），忘れない（年表──2011‐2021），次世代へ（碑の記憶──いわて震災遺構）

岩手日報社 2021.2 148p 30cm 1600円 Ⓝ369.31 Ⓘ978-4-87201-538-6

『特別報道写真集 珠洲地震』

内容 2023年5月5日に石川県珠洲市で観測された震度6の地震による被害の記録。

北國新聞社 2023.5 61p 30cm 909円 Ⓝ369.31 Ⓘ978-4-8330-2286-6

『特別報道写真集 能登半島地震 2007.3.25』

目次 牙むく断層 震度6強の激震，地元の叫びが国を動かす，1日も早く復興を，ドキュメント能登半島地震，未知の断層が動き大災害に，震災に遭われた皆様に謹んでお見舞い申し上げます

北國新聞社 2007.4 80p 30cm 952円 Ⓝ369.31 Ⓘ978-4-8330-1549-3

『2005年3月20日午前10時53分 福岡沖地震 特別報道写真集』

西日本新聞社編

目次 「6弱」の衝撃──交通、通信…都市機能マヒ，検証／安全神話、突然の崩壊，玄海島よ…／──引き裂かれた穏やかな日常，3・20その日ドキュメント，余震の中で──疲労の色濃い避難生活、懸命の救援活動，社説，心のケアと余震への備え

西日本新聞社 2005.4 79p 30cm 952円 Ⓝ369.31 Ⓘ4-8167-0641-0

『2014 8・20広島土砂災害──緊急出版・報道写真集』

中国新聞社編著

目次 被害状況と降雨量，重なった自然要因，住民が語る8月20日，土石流 住宅地襲う，懸命の捜索，天変──教訓は生かされたのか，遅れた初動の実態，避難「怖くて帰れぬ」，暮らし再建急ぐ，広がる支援の輪，小学校・可部線再開，中

国新聞朝刊・号外紙面，ドキュメント災害1週間

中国新聞社　2014.9　128p　30cm　926円　Ⓝ369.33　Ⓘ978-4-88517-403-2

『日本人の底力─東日本大震災1年の全記録』

産経新聞社著

目次 被災地の1年─遠い復興，眠れる被災地，天皇陛下のお言葉，平成の御巡幸，祈り─被災地の四季，誰かのために，2011・3‐2012・2闘いの1年日別完全記録，いつ終わるのか─福島第1原発事故の1年，望郷，被災地に生きる，負けないよ！─石巻・渡波小の復興日記，データで見る東日本大震災

内容 圧巻！闘いの1年、日別完全記録。空から地上から定点写真で見る被災地の1年。誰かのために─自衛隊・警察・消防の救援活動完全収録。地震、津波、原発事故、そして復興…記録と記憶の870枚。

産経新聞出版，日本工業新聞社〔発売〕　2012.3　160p　30×22cm　1500円　Ⓝ369.31
Ⓘ978-4-8191-1156-0

『東日本大震災─写真家17人の視点。アサヒカメラ特別編集』

アサヒカメラ編集部編

内容 篠山紀信、野町和嘉、横木安良夫、桃井和馬、幸田大地、大西みつぐ、平間至など17人の写真家が、東日本大震災の被災地で撮影した写真を収めた写真集。松山巌による「事態と写真と希望の始まり」も掲載。

朝日新聞出版　2011.9　1冊　30cm　2200円　Ⓝ369.31　Ⓘ978-4-02-330996-8

『東日本大震災─特別報道写真集』

目次 東日本大震災─被災地の爪痕，大きな喪失感を胸に それでも動き出す人々，地図で見る各地の主な被害状況，広域複合災害 急がれる検証，世界の視点─海外のメディアはどう報じたか，1カ月のドキュメント 3.11〜4.11

内容 2011.3.11、観測史上世界最大級M9.0。地震、津波、原発被災、一か月の全記録。

共同通信社　2011.4　80p　30cm　1000円　Ⓝ369.31　Ⓘ978-4-7641-0628-4

『平成19年新潟県中越沖地震 特別報道写真集』

新潟日報社編

内容 2007年7月16日午前10時13分、柏崎市や刈羽村などで最大震度6強を観測した新潟県中越沖地震が発生、各地に甚大な被害をもたらした。この地震による被害の状況を新潟日報の写真で綴った記録集を緊急出版。被害の全容や救助の様子、過酷な避難生活やボランティアの活動など報道写真を111点収録。

新潟日報社，（新潟）新潟日報事業社〔発売〕　2007.8　72p　30×21cm　952円　Ⓝ369.31
Ⓘ978-4-86132-234-1

『平成28年熊本地震──発生から2週間の記録 緊急出版 特別報道写真集』

熊本日日新聞社編

目次　前震4.14午後9時26分震度7の地震発生，本震4.16橋も道路も一瞬で消えた，支援・復旧，避難，寄稿「熊本地震に想う」小山薫堂さん，熊日紙面から，熊本地震ドキュメント，発刊にあたって

熊本日日新聞社，（熊本）熊日出版〔発売〕　2016.5　87p　30cm　926円　Ⓝ369.31
Ⓘ978-4-87755-540-5

『平成の三陸大津波──2011.3.11東日本大震災 岩手の記録 特別報道写真集』

目次　陸前高田，大船渡，釜石，大槌，山田，宮古，岩泉，田野畑，普代，野田，久慈，洋野，長引く避難生活，広がる支援の輪，天皇、皇后両陛下ご来県，復興への歩み，検証 平成の三陸大津波「資料」

岩手日報社，メディアパル〔発売〕　2011.6　147p　30cm　1000円　Ⓝ369.31
Ⓘ978-4-89610-794-4

『報道写真集 軌跡──大津波からの5年 2011.3.11東日本大震災 岩手の記録〔3〕』

目次　大津波からの5年，各市町村の歩みを振り返る，皇室ご来県，続く余震，空中散歩，本紙記者ルポ5 被災地を歩く，上空からの記録，資料 東日本大震災

岩手日報社　2016.1　184p　30cm　1500円　Ⓝ369.31　Ⓘ978-4-87201-416-7

『読売新聞特別縮刷版 東日本大震災 1か月の記録』

内容　2011年3月11日〜4月11日、読売新聞東京本社発刊の朝夕刊の紙面から、東日本大震災に関連したページを抜粋した一か月の記録。

読売新聞社　2011.5　417p　28×21cm　1400円　Ⓝ369.31　Ⓘ978-4-643-11006-7

『令和6年能登半島地震──特別報道写真集 2024.1.1』

内容　2024（令和6）年1月1日夕、能登を震源とする最大震度7の強い地震が発生。気象庁は「令和6年能登半島地震」と命名した。石川県各地と近県の状況を写真で伝え、地震についての解説も掲載。

北國新聞社　2024.2　125p　30cm　1364円　Ⓝ369.31　Ⓘ978-4-8330-2307-8

◇一般写真集

『After the TSUNAMI─東日本大震災』

江成常夫著

内容 福島、宮城、岩手撮影を続けて7年。被災地を巡った鎮魂の記憶。

冬青社　2019.3　171p　30×24cm　9600円　Ⓝ369.31　Ⓘ978-4-88773-192-9

『あれから5年 3・11─東日本大震災写真集』

3・11東日本大震災写真展実行委員会編

内容 「3・11東日本大震災」から5年になります。被災地の復興はハコモノと土木事業だけは進んでいますが、被災者に対するケアは遅々としています。仮設住宅で孤独死する高齢者の数も年々、増加の一途です。大震災の被害状況は大きく報道されてきましたが、時の流れとともに風化し、ともすると忘れがちになってきています。　特に福島の被災地では大きな問題が山積みです。福島第一原発事故の被害は時間が経過するほど悲劇的な様相です。汚染水の垂れ流しは世界的な環境破壊となっています。そして被災者の健康不安や生活、将来への展望は暗澹としています。　こうした現状を顧みて、私たちは2016年3月、東京の弁護士会館で東京弁護士会、第一弁護士会、第二弁護士会の主催による同写真展を開催できることは社会的に画期的なことでした。本書は第一線で活動する39人の写真家が負の遺産である東日本大震災の記録を次の世代へ引き継ぐ目的でまとめました。「あれから5年、忘れてはならないことがある」。

産学社　2016.3　31p　21×30cm　700円　Ⓝ369.31　Ⓘ978-4-7825-3440-3

『黄色いハンカチは揺れている─3・11三陸ノート 五年の伝言』

小林正典写真, 高尾具成文

目次 序章 汀, 第1章 てんでんこ, 第2章 黒いランドセル, 第3章 奇跡と悲劇の間で, 第4章 わだかまり, 第5章 艦砲射撃の記憶, 第6章 海を渡り、峠を越えて, 第7章 海音, 終章 黄色いハンカチ（あとがきにもかえて）

ビレッジプレス　2016.5　191p　21cm　1800円　Ⓝ369.31　Ⓘ978-4-89492-206-8

『希望の桜。3.11東日本大震災』

鴨志田孝一撮影・文

目次 桜,「希望の桜」,被災地の成人式「復興への誓い」,東京,福島,桜井勝延（南

相馬市長），宮城，岩手

内容 被災地の1年を追った魂の記録―。

講談社　2012.4　94p　20×15cm　1400円　Ⓝ369.31　Ⓘ978-4-06-352831-2

『THE DAYS AFTER―東日本大震災の記憶』

石川梵著

内容 被災現場に2か月間留まり続けたカメラマンの眼を通して静かに見つめ直す、未曽有の大災害と人間。全ての日本人の記憶にとどめるべき、現代の黙示録。

飛鳥新社　2011.6　1冊　24×30cm　2300円　Ⓝ369.31　Ⓘ978-4-86410-096-0

『3・11からの夢』

いろは出版編

内容 女川町出身の女子大学生、陸前高田の市長、阪神淡路大震災で父親を亡くした女性、福島の米農家、浪江町出身の高校生、南三陸への移住者、震災当時1歳だった保育園児、神戸出身の自衛隊員、気仙沼の漁師、南相馬で里帰り出産をした女性、山元町議員、福岡の大学生、石巻の土木作業員etc…。被災地をはじめ、日本中をめぐり2年間かけて集めた夢の中から30人の「夢」と東北の「現在」がわかる写真を収録。

いろは出版　2016.2　1冊　18×26cm　1900円　Ⓝ369.31　Ⓘ978-4-86607-003-2

『自衛隊員が撮った東日本大震災―内側からでしか分からない真実の記録』

マガジンハウス編，防衛省協力

目次 3月11日、東日本大震災発生，災害派遣出動，救助活動開始！，救援・捜索活動，原子力災害派遣，トモダチ作戦，生活支援活動，被災者と自衛隊員の絆，東日本大震災自衛隊の活動記録

マガジンハウス　2012.3　143p　30cm　1500円　Ⓝ392.1076　Ⓘ978-4-8387-2350-8

『潮目―フシギな震災資料館』

片山和一良文，中村紋子編・写真

目次 2011.3.11 その日―津波が町を押し流していった，2011.5「未来の越喜来」展―子供達に教えてもらったこと，2011.6.21 ガソリンスタンドからの移転―まさかの雨に涙した日，2011.7.9「仲良し広場」オープン―前を向いて、笑顔を取り戻すために，2011.8.18 ゲートボール場を作った―お年寄りだって遊びたい，

2012.1.7 二度目の移転—嬉しい誤算，2012.5 震災資料館を構想—大切なのは遊び心だ，2012.7.1「潮目」開館—カラクリ屋敷と津波の資料，2012.10.14 奇跡の階段を移設—妹の熱意に圧倒，2013.6.1 校門もピアノも集まってきた—とりあえずでも残さなくてはいけない，2013.6.5 ハンコとバッジを製作—ないよりは，あったほうがいい，2014.1.4 滑り台を作る—楽しさの裏にある作戦，2014.1.5 漁船のブランコも作る—船と丸太があったから〔ほか〕

ポット出版　2014.9　128p　15×21cm　1900円　Ⓝ369.31　Ⓘ978-4-7808-0210-8

『写真集 生きる—東日本大震災から一年』

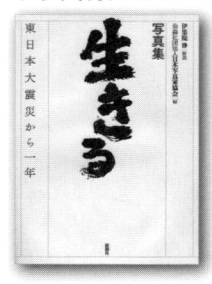

伊集院静解説，日本写真家協会編

目次 第1部 被災，第2部 ふるさと，第3部 生きる

内容 日本写真家協会が総力を挙げて編集した語り継ぐべきその日の真実、豊かな東北の記憶、そして再生に向けた希望の日々。

新潮社　2012.2　191p　26cm　2800円　Ⓝ369.31
Ⓘ978-4-10-300552-0

『写真集 日本の自然災害 東日本大震災襲来—津波による原発事故も収録』

篠木毅監修

目次 第1章 東日本大震災（岩手県，宮城県 ほか），第2章 日本の主な津波災害史（明治29年（1896）明治三陸地震津波，昭和08年（1933）昭和三陸地震津波 ほか），第3章 世界の21世紀、主な津波災害史（2004年（平成16年）スマトラ地震（インド洋大津波），2006年（平成18年）ジャワ地震津波 ほか），第4章 津波による福島原子力発電所の事故（2011年（平成23年）福島原発事故），第5章 世界の原子力発電所の事故（1979年（昭和54年）スリーマイル原発事故，1986年（昭和61年）チェルノブイリ原発事故）

日本専門図書出版　2011.6　533p　30cm　23810円　Ⓝ369.31　Ⓘ978-4-931507-15-9

『写真で見るトモダチ作戦』

北村淳編著

目次 プロローグ 大災害の1年前・ハワイ，1 写真で見る「トモダチ作戦」（3月11日直前の米海兵隊・米海軍の動向，3月11日 巨大地震と津波発生，3月12日日本に対する支援開始，3月13日 フル稼働する空輸支援，3月14日 海兵隊、前進司令部設置，3月15日 海軍ヘリ部隊による直接支援，3月16日 補給拠点としての仙台空港回復，3月17日 第31海兵遠征隊の到着，3月18日～19日 第31海兵

遠征隊の救援作戦，3月20日〜26日 さらに強化される救援活動，3月27日〜31日 気仙沼大島の海兵隊救援活動，4月1日以降 一斉捜索とトモダチ作戦の終了），2 トモダチ作戦に見る軍事的教訓

内容 3.11東日本大震災の被災地支援で，自衛隊とアメリカ軍は過去に例のない大規模な共同作戦を展開した。アメリカ軍は震災直後から迅速に対応し，大型輸送機で物資を日本に運び，空母をはじめとする艦隊を被災地沖に展開させた。とくに沖縄の海兵隊は揚陸艦を用いて，海から直接，援助物資と隊員を送り込み被災者の支援に大活躍した。本書は，震災後約一カ月に及んだ「トモダチ作戦」の実像を四百点以上の写真をもとに再現した貴重な記録である。

並木書房　2011.6　171p　21cm　1800円　Ⓝ369.31　Ⓘ978-4-89063-274-9

『TSUNAMI 3・11─東日本大震災記録写真集』

豊田直巳編

目次 住民が見た津波，北海道，青森県，岩手県，宮城県，福島県，茨城県，千葉県

内容 津波襲来6道県60市町村別被災写真を収録。

第三書館　2011.6　541p　21cm　2800円　Ⓝ369.31　Ⓘ978-4-8074-1103-0

『TSUNAMI 3・11〔PART2〕─東日本大震災記録写真集』

第三書館編集部編

目次 住民が見た津波，北海道，青森県，岩手県，宮城県，福島県，茨城県，千葉県

内容 あの日、ホントに起ったこと…とてつもない天災と、とんでもない人災。真の"復興"とは何なのかを考えるために、3・11の全体像に迫る記録写真集第2弾。

第三書館　2011.9　511p　21cm　2800円　Ⓝ369.31　Ⓘ978-4-8074-1104-7

『TSUNAMI 3・11〔PART3〕（東日本大震災「被災一周年」記録写真集）』

第三書館編集部編

内容 あの日から1年以上の時が流れた…これが復興といえるのか？これが復旧といえるのか？700余点の写真で直視する「いま」と「あのとき」。

第三書館　2012.6　543p　21cm　2800円　Ⓝ369.31　Ⓘ978-4-8074-1205-1

『津波、写真、それから─LOST & FOUND PROJECT』

高橋宗正著

内容 3.11の津波で流された家族写真を、持ち主の手もとに返そうとした活動の記録。人が生きていくのに必要な写真の力。

赤々舎　2014.2　143p　35×25cm　2600円　Ⓝ369.31　Ⓘ978-4-86541-012-9

『20 DAYS AFTER』
半田也寸志写真

内容 3.11から20日後の東北を写した、もっとも精緻な記録。それは、一般車輌の乗り入れ規制が解かれ、生存者救出や遺体発見、搬送がピークを迎えた、人間の営みが再生し始めた頃だった。

ヨシモトブックス，ワニブックス〔発売〕　2012.3　1冊　22×27cm　2857円　Ⓝ369.31
Ⓘ978-4-8470-4441-0

『時のイコン――東日本大震災の記憶』
六田知弘著

内容 波にのまれ、打ち捨てられたモノたち。そこに堆積した時間を想像し、モノたちが語る声に、耳を傾ける――。

平凡社　2013.12　95p　26×22cm　2500円　Ⓝ748　Ⓘ978-4-582-27800-2

『東日本大震災"あの日"そして6年――記憶・生きる・未来』
倉又光顕写真・文

内容 "あの日"の記憶を胸に、逆境に立ち向かい、日常を取り戻すべく、歩みを続ける人たちの姿を定点撮影（36地点）で追ったフォト・ドキュメント。オールカラー240点。

彩流社　2017.2　159p　26cm　2000円　Ⓝ369.31　Ⓘ978-4-7791-2311-5

『東日本大震災から10年　災害列島・日本――49人の写真家が伝える"地球異変"の記録』
3.11写真記録委員会編

内容 東日本大震災／鬼怒川決壊／御嶽山噴火／熊本地震／九州北部豪雨／西日本豪雨／北海道胆振東部地震／房総半島台風／東日本台風／熊本豪雨／コロナ禍etc.3.11をはじめ、その後10年の"大異変"を写真で伝える！日本を代表する写真家たちが撮った、この国の"危機"。

扶桑社　2021.3　127p　21cm　1800円　Ⓝ369.31　Ⓘ978-4-594-08761-6

『東日本大震災 2011・3・11「あの日」のこと』

高橋邦典写真・文

目次 東松島市，仙台市宮城野区，石巻市門脇小学校，石巻市内アイトピア通り商店街，石巻市門脇町，牡鹿郡女川町，気仙沼市，気仙沼市大浦付近，気仙沼市，南三陸町志津川，南三陸町志津川病院，仙台市若林区，仙台市宮城野区，石巻市門脇町，牡鹿郡女川町

内容 世界の戦場を目の当たりにしてきたカメラマン、高橋邦典が見たものは、すさまじい破壊のあとと、はてしなくひろがる悲しみの大地だった。

ポプラ社　2011.6　63p　27×22cm　1600円　Ⓝ369.31　Ⓘ978-4-591-12528-1

『100人の母たち』

亀山ののこ著

内容 あの日から世界は変わった。福島原発事故後に、日常生活の中にあった原発の問題と向き合い、立ち上がった母たち。自身も2児の母である、フォトグラファー亀山ののこが、3.11後に撮り続けた「100人の母」のポートレイト。

南方新社　2012.11　175p　21cm　1800円　Ⓝ281　Ⓘ978-4-86124-249-6

『忘れえぬまた再びの千年桜──大沼英樹写真集』

大沼英樹著

内容 二〇一一年春、牡蛎の筏を纏い、鬼の形相をしていた一本桜に出会った。その樹の下で一夜を明かしながら「被災地の桜の記録を残そう」と誓った著者は、その年の夏、秋、冬、そしてめぐった春に再びその樹の下を訪れた。花は少なかったけれど、筏は取り払われ、精一杯生きようとしていた。だが、所によって倒れてしまった桜も、花をつけていない桜もあった。たやすく「希望」なんて語れないと思った。それでも生き残った桜は見事に花を咲かせ、人々は動きだしていた。また再び、桜の樹の下に人々が集い語り合うことを祈らずにはいられなかった。

窓社　2012.10　63p　23×27cm　2500円　Ⓝ748　Ⓘ978-4-89625-114-2

◇写真絵本

『赤い鉄橋を渡っていくよ』

岡田光司写真，岡田康子文

内容 長野県上田市にある赤い鉄橋は地元のシンボル。別

所線が渡るがんじょうな橋でした。台風で落ちた鉄橋の1日も早い復旧を願い、地元の人々が応援を始めます。地元の人々が見守り続けた赤い鉄橋と別所線のキセキ。

文研出版　2022.10　1冊　22×27cm（えほんのもり）　1500円
Ⓝ686.7　Ⓘ978-4-580-82546-8

『「あの日」、そしてこれから―東日本大震災2011・3・11』
高橋邦典写真・文

内容　女川、石巻、気仙沼、そして仙台。東日本大震災から1年。大切な人を失った悲しみと先の見えないことへの不安と…。震災直後に取材・撮影した被災者との再会。

ポプラ社　2012.11　157p　21cm　1350円　Ⓝ369.31　Ⓘ978-4-591-13156-5

『3／11キッズフォトジャーナル―岩手、宮城、福島の小中学生33人が撮影した「希望」』
311Kids Photo Journal編

内容　東日本大震災の被災地に、デジカメを抱えた33人の子どもたちがいます。「仮設住宅に住む人たちの笑顔を撮りたい」「津波で流された父の寿司屋が、再建する様子を記録したい」「放射能から逃れるため引っ越した親友に、ふるさとの様子を見てほしい」メンバーたちは被災後の日々を、何を見つめ、何を思いながら過ごしているのでしょう。小1から中3までの少年少女のまっすぐな思いを、世界中の人たちに届けます。

講談社　2012.2　118p　15×15cm　952円　Ⓝ369.31　Ⓘ978-4-06-217279-0

『3.11からの手紙／音の声〈増補改訂版〉』
石井麻木写真・ことば

内容　写真とことばでつづる、震災後のドキュメンタリー。震災直後から現地で捉え続けた、ひとびとの哀しみ、喜び、絶望、希望、ひかり―そして音楽というもののおおきさ。

シンコーミュージック・エンタテイメント　2017.6　163p　15×21cm　2200円　Ⓝ748
Ⓘ978-4-401-64453-7

『3.11震災を見つめ続けて』
亀田昭雄著，中村梧郎編集・監修

目次 2012年—2013年，2014年—2017年，2018年—2023年
内容 2012年から撮り続けた被災地の現実と人々の姿。

新日本出版社　2024.2　130p　17×19cm　2800円　Ⓝ369.31　Ⓘ978-4-406-06796-6

『捨て犬・未来 命のメッセージ—東日本大震災・犬たちが避難した学校』

今西乃子著，浜田一男写真

内容 東日本大震災からおよそ一年後、「捨い犬・未来」は避難所となった中学校での「命の授業」にまねかれました。未来をよんだのは宮城県東松島市立矢本第一中学校の千葉校長（当時）でした。矢本一中は震災時に、ペット同行可能な避難所となっていました。千葉校長は、なぜ未来をまねいたのでしょうか。そして未来は、子どもたちにどんなメッセージを伝えたのでしょうか。

岩崎書店　2012.10　177p　22cm（ノンフィクション・生きるチカラ〔10〕）　1300円　Ⓝ645.6　Ⓘ978-4-265-04296-8

『それでも、海へ—陸前高田に生きる』

安田菜津紀写真・文

内容 「じいちゃんがとってきた白いお魚がもう一回食べたい」孫の一言に背中をおされて、漁師は再び海に出た。

ポプラ社　2016.2　40p　27×22cm（シリーズ・自然いのちひと〔17〕）　1500円　Ⓝ369.31　Ⓘ978-4-591-14811-2

『だけど、くじけない—子どもたちからの元気便』

長倉洋海，東北の子どもたち著

内容 まっすぐに綴られた言葉と、生きる力をとらえた写真。震災からの出発。

NHK出版　2012.2　168p　21cm　1600円　Ⓝ369.31　Ⓘ978-4-14-081519-9

『ただいま、おかえり。—3.11からのあのこたち』

石井麻木写真・文

内容 あの日を知らないこどもたちへ。2011年から12年間、毎月東北に通い続ける写真家が、伝え、繋ぐなにげない日々のたいせつさと生きるメッセージ。

世界文化ブックス　2023.3　48p　27cm　Ⓘ978-4-418-23814-9

『同伴避難―家族だから、ずっといっしょに…』

児玉小枝写真・文

目次 新潟市体育館（「普通に生活してたら、こんな風にれおを傷つけることもなかったのに…」,「いつも無邪気なミントに『父ちゃん頑張れよ！』って言われてる気がする」,「どんなことをしてでも、ぼくが生きなければ、チッチは生きられない」,「5頭の犬をかかえてどこへ逃げればいいのか路頭に迷っていた時…」,「夫が『俺が行く！』って言って、迎えに行ってくれたんです」），三条市体育文化センター（「クンクンを見殺しにするわけにはいかない。私は歩いてでも迎えに帰る」,「ゴンタは俺の孫みたいなもんだから、いっしょにいてやるのは当たり前」）, 老人憩いの家「夕映荘」（長岡市）（「私の気持ちをわかって『大丈夫だよ』って励ましてくれてる気がして…」,「避難所に入れなかったとしても、一緒に車の中で寝ればいいと思ってた」）, 新潟西総合スポーツセンター（「この子たち3匹かかえてるから、なんとか仕事を探して頑張りたい―」）

内容 東日本大震災、被災したのは、人間だけではありません。ペットを置き去りにしない、見捨てない、被災者たちの深い愛情と強い責任感、それを支えた避難所と動物愛護ボランティア。家族の笑顔とペットたちの甘えた表情がたまらない。

日本出版社　2011.8　127p　21cm　1200円　Ⓝ369.36　Ⓘ978-4-7984-1093-7

『2011年123月―3・11瓦礫の中の闘い』

菱田雄介写真・文

目次 まえがき―2011年123月，1 瓦礫の中の闘い，2 境界線―福島，3 瓦礫の中の闘い、その後。，4 僕たちは震災前を生きている，終章 2011年123月，あとがきにかえて

内容 やってくるのは2012年1月ではなく、2011年13月なのだと考えようと思った…。東日本大震災・原発事故後、葛藤を抱えつつ現実に向き合い続けた写真家が、美しい写真と臨場感溢れる文で綴る10年の記録。

彩流社　2021.3　182p　21cm　2200円　Ⓝ369.31　Ⓘ978-4-7791-2741-0

『ハッピーバースデイ3.11―あの日、被災地で生まれた子どもたちと家族の物語』

並河進文，小林紀晴写真

内容 駐車場での出産、浸水する病院、停電や寒さとの闘い…。それは、壮絶な命の記録。あの日、被災地で生まれた子どもたちと家族の物語。

飛鳥新社　2012.3　149p　19cm　1200円　Ⓝ369.31　Ⓘ978-4-86410-146-2

『百年後を生きる子どもたちへ──「帰れないふるさと」の記憶』

豊田直巳写真・文

内容 きのうまで、家族いっしょに暮らし、あそび、学び、働いていた「ふるさと」を、突然、放射能によって追われたら。生れ故郷の山や川や田畑が、家やむらが、そこにあるのに、二度と帰れないとしたら。家族の思い出の場までも、奪われたとしたら。そして、それが、わたしたちの暮らしと深くかかわる原発がもたらしたものだったら。わたしたちは、何を思うでしょう。原発事故に「ふるさと」を追われた、阿武隈高地のむら「津島」や「飯舘」の人びとの「現実」と「願い」は、わたしたちと深くつながっています。だれも住まなくなった家や田畑には、草木が生い茂り、しだいに森に還っていきます。「でも、100年後か150年後かわからないけれど、子孫のだれかが帰ってくるかもしれない」そんな願いをこめて、津島の歴史や暮らしを伝える「ふるさとの記録集」をつくりはじめました。

農山漁村文化協会 2020.1 32p 27×22cm（それでも「ふるさと」） 2000円 Ⓝ369.36
Ⓘ978-4-540-19206-7

『フクシマ元年──原発震災全記録2011-2012』

豊田直巳著

目次 子どもたちに語る言葉はあるか──序にかえて，第1章 原発災害の現場へ，第2章 大津波と原発事故，第3章 村を追われる人々，第4章 酪農家の死，第5章 閉ざされた世界，第6章 失われた故郷，第7章 除染が始まる，第8章 フクシマの子どもたち

内容 原発震災の翌日から、フォトジャーナリストは福島に入った。世界の紛争地で戦争のむごさを報じてきた目が、いま、フクシマ元年の苦難と対峙する。未来への責任としてまとめられた、1年間の全記録。

毎日新聞社 2012.3 221p 19cm 1600円 Ⓝ369.36 Ⓘ978-4-620-32126-4

『福島に生きる凛ちゃんの10年──家や学校や村もいっぱい変わったけれど』

豊田直巳写真・文

内容 春になるとミズバショウが咲く山あいの集落、比曽集落は福島県飯舘村の南の方にあります。そこには、美しい田んぼや牧草地が広がり、防風林のある家が点々と並んでいました。この比曽集落に、200年以上も前の江戸時代から続く一家が住んでいました。一家の祖先が、明治時代に旅館を営むために建てたという家で、凛ちゃんは生まれ

ました。その大きな家で、凛ちゃん親子、おばあちゃん、おじいちゃん、ひいおじいちゃん…と、四世代11人がいっしょに暮らしていました。そんな歴史と思い出の残る家と比曽の集落を、家族全員が追われることになりました。2011年3月、東日本大震災で原発が爆発し、危険な放射性物質が風で運ばれてきたのです。生まれ育った家を追われた家族は、離ればなれになって避難を重ね、凛ちゃんは、お家や学校を何度も何度も変わらなければならなくなりました。そして、家のまわりや集落の光景も大きく変わっていきました。

農山漁村文化協会　2021.2　32p　27×22cm（それでも「ふるさと」　あの日から10年）
2000円　Ⓝ369.36　Ⓘ978-4-540-20169-1

『福島人なき「復興」の10年──フォト・ルポルタージュ』

豊田直巳著

目次　第1章「復興」のための「復興」（人のいない「復興」の景色，「なかったこと」にさせられる──消される人の生活 ほか），第2章「復興五輪」狂騒曲（オリンピック・パラリンピック推進の裏で，偽りの「光」で消される大切な記憶 ほか），第3章 人間としての「生」を取り戻すために──一〇年前の約束（取り残されるお年寄りの挑戦，自分らしく生き抜いた酪農家の死），第4章 終わらない「原発安全神話」との闘い（新たな放射能汚染──一〇年後の現実，「安全」キャンペーンによる被曝──一〇年目に立ち上げた訴訟 ほか）

内容　福島第一原発事故から10年が過ぎた。多額の復興予算は、被災者不在の公共事業や検証なく繰り返される除染などに費やされ、さらに原発事故の傷跡を覆い隠す「復興五輪」が強行された。地元住民を置き去りにする偽りの「復興」は福島に、そしてこの国に何をもたらしているのか。住民らの苦悩と闘いをカラー写真とルポで描くシリーズ第4弾。

岩波書店　2022.3　111p　21cm（岩波ブックレット）　1000円　Ⓝ369.36
Ⓘ978-4-00-271060-0

『「負けてられねぇ」と今日も畑に──家族とともに土と生きる──それでも「ふるさと」』

豊田直巳写真・文

内容　きのうまで、家族いっしょに暮らし、あそび、学び、働いていた「ふるさと」を、突然、放射能によって追われたら。生まれ故郷の山や川や田畑が、家や村や町が、そこにあるのに、二度と帰れないとしたら。家族の思い出の場までも、奪われたとしたら。そして、それが、わたしたちの暮らしと深くかかわる原発がもたらしたものだったら。

わたしたちは、何を思うでしょう。放射能が消えるまでの100年も、200年も待つのでしょうか。「までい」な村「飯舘」に密着した、7年にわたる家族や村の物語は、わたしたちと深くつながっています。

農山漁村文化協会　2018.2　32p　27×22cm　2000円　Ⓝ369.36　Ⓘ978-4-540-17188-8

『待っている犬―東日本大震災で被災した犬猫たち』

ドックウッド著

内容　飼い主の死亡も知らず、倒壊した自宅から動かない犬。避難所に一緒に入所できず、半壊の自宅で犬と一緒に暮らす飼い主。救援活動のために入った被災地で、そうした犬猫たちを保護し治療し世界をしながら、飼い主たちの迎えを一緒に待つ、仙台のドッグショップのスタッフとボランティアたち。これは彼らが撮った、被災した人と動物の記録写真集です。

角川書店，角川グループパブリッシング〔発売〕　2012.2　91p　21cm　1200円　Ⓝ645.6
Ⓘ978-4-04-110121-6

『葉脈の街に明日を探して―東日本大震災釜石レポート 2011.7～2014.2』

菊池和子写真・文

内容　2011年3月11日に起きた東日本大震災から、もうすぐ3年。写真家は、2011年7月から被災した釜石に月1～2回赴き、被災の現状や、生きのびた人々、遅々として進まぬ復興の様子を撮影してきた。「この日本が国の死力を尽くしてきたならば、68年前の空襲以来、最も広範囲で甚大な破壊も、もう少し先が見える形になったのではないかと思う」と写真家は言う。3年間のまとめとして、この写真集を刊行する。

遊行社　2014.3　57p　26cm　1800円　Ⓝ369.31　Ⓘ978-4-902443-26-4

防災について

『いざというとき自分を守る防災の本〔1〕（そのときどうする地震)』

防災問題研究会編

目次 地震が来た 安全な場所で命を守る, どこにいるか1 そのとき自宅にいたら, どこにいるか2 自宅以外の場所なら, 落ちついて1 ゆれが少しおさまってきたら, 落ちついて2 すぐに逃げる？家にいる？, 避難1 急いで避難！その前に, 避難2「おはしも」を守って避難する, 避難3 安全に避難するための注意, 避難4 家具の下にはさまったら, 避難5 家族とどうやって連絡をとるか〔ほか〕

岩崎書店 2019.9 47p 29cm 3000円 Ⓝ369.3 Ⓘ978-4-265-08731-0

『いざというとき自分を守る防災の本〔2〕（そのときどうする台風)』

防災問題研究会編

目次 台風が来る！すぐにやっておこう, 台風の勢力 どこを見ればよいのか, 情報1 注意報と警報の意味を知る, 情報2「指示」でも、すぐに避難！, 避難1 避難のときの服装や持ち物, 避難2 避難は昼間の明るいうちに, 避難3 自宅にいても油断しないで, 台風は海で生まれる, 強風 ビルをたおすほどの強い風, 大雨 水の力をあまく見ないこと, 地震の強さ 震度とマグニチュードで見る, 日本に地震が多いのはなぜだろう, 津波1 津波が来るからすぐ逃げろ！, 津波2 津波の破壊力はものすごい, 全国に広がる災害救助活動の輪, こわれる 地面が割れ、家がたおれる, 生活できない 道路がこわれて通れなくなる, 火事 地震で火事が起こりやすい, 原発事故 原子力発電所がこわれると, 火山噴火 日本には火山がたくさんある

岩崎書店 2019.9 47p 29cm 3000円 Ⓝ369.3 Ⓘ978-4-265-08732-7

『いざというとき自分を守る防災の本〔3〕（なにができる避難してから)』

防災問題研究会編

目次 避難1 どこに避難して生活するか, 避難2 まず一時集合場所に避難, 自宅で避難1 水がないと生きていけない, 自宅で避難2 トイレの水は流さない！, 自宅で避難3 電気

やガスが止まったら，自宅で避難4 調理やあと片づけの工夫，自宅で避難5 暑さ・寒さをしのぐには，自宅で避難6 これまで以上に防犯対策を，避難所1 避難所についたらすること，避難所2 生活する場所を整える〔ほか〕

岩崎書店 2019.10 47p 29cm 3000円 Ⓝ369.3 Ⓘ978-4-265-08733-4

『いざというとき自分を守る防災の本〔4〕（今日から始める防災対策）』
防災問題研究会編

目次 防災の意味―被害を減らし、命を守る，危険を知る1―自宅がある場所は安全？，危険を知る2―ハザードマップを活用する，日ごろの備え1―枕元になにを置いておくか，日ごろの備え2―自分に必要なものを考える，日ごろの備え3―非常持ち出し袋のなかみは，日ごろの備え4―備蓄は3日ぶんをめやすに，日ごろの備え5―「ローリングストック法」で，家族会議―集合場所を決めておこう，ストーリーをつくると考えやすい〔ほか〕

岩崎書店 2019.11 47p 29cm 3000円 Ⓝ369.3
Ⓘ978-4-265-08734-1

『いざ！に備える 遊びで防災体験BOOK』
神谷明宏著

目次 1 みんなで考えよう防災対策（わが町再発見！防災マップをつくろう，レポーターなりきりインタビュー ほか），2 かんたん料理&グッズ（ご飯をたいてみよう，紙袋で目玉焼き ほか），3 避難所で楽しむレクリエーションゲーム（初めての人とでも仲良くなれるゲーム，2人で行うゲーム ほか），4 かんたん工作ふれあい人形（ふうとうでつくる動物人形，紙コップ人形 ほか）

いかだ社 2022.3 119p 21cm 1400円 Ⓝ369.3 Ⓘ978-4-87051-560-4

『いのちと未来を守る防災 第1巻 地震』
鎌田和宏監修

目次 日本で起きた地震，発生（地震が起こるのはなぜ？，ゆれはどのように伝わるの？ ほか），一次災害（こんな災害が起こる！―一次災害），避難（家庭の防災，学校の防災 ほか），二次災害（こんな災害が起こる！―二次災害，火事から身を守るには？ ほか），避難生活と支援（避難所ってどんなところ？），復興へ（復興に向かって―被災地を助ける政治のはたらき 国の支援，復興に向かう人々、まち）

Gakken　2016.2　47p　29cm　3000円　Ⓝ369.3
Ⓘ978-4-05-501190-7

『いのちと未来を守る防災 第2巻　津波』

鎌田和宏監修

目次　日本で起きた津波，発生（津波が起こるのはなぜ？，津波はどんなときに起こるの？　ほか），一次災害（こんな災害が起こる！――一次災害），避難（家庭の防災，地域の防災 ほか），二次災害（こんな災害が起こる！―二次災害），避難生活と支援（避難所ってどんなところ？），復興へ（復興に向かって―被災地を助ける政治のはたらき 自衛隊による支援，復興に向かう人々，まち）

Gakken　2016.2　47p　29cm　3000円　Ⓝ369.3
Ⓘ978-4-05-501191-4

『いのちと未来を守る防災 第3巻　噴火』

鎌田和宏監修

目次　日本で起きた噴火，発生（噴火が起こるのはなぜ？，火山の噴火にはどんな種類があるの？　ほか），避難（噴火時の情報ネットワークとは？，噴火警報が発表されたら、どう行動する？　ほか），一次災害（こんな災害が起こる！――一次災害），二次災害（こんな災害が起こる！―二次災害，降灰から身を守る），避難生活と支援（避難所ってどんなところ？），復興へ（復興に向かって―被災地を助ける政治のはたらき 他地域からの支援，復興に向かう人々、まち）

Gakken　2016.2　47p　29cm　3000円　Ⓝ369.3
Ⓘ978-4-05-501192-1

『いのちと未来を守る防災 第4巻 台風・竜巻・豪雨』

鎌田和宏監修

目次　日本で起きた台風・豪雨，発生（台風ができるのはなぜ？，台風の大きさと強さって？　ほか），一次災害（こんな災害が起こる！――一次災害），避難（家庭の防災，地域の防災 ほか），二次災害（こんな災害が起こる！―二次災害），復興へ（復興に向かって―ボランティアの支援，復

興に向かう人々，まち），日本で起きた竜巻，発生（竜巻ってなに？，竜巻の大きさと強さって？ ほか），災害（こんな災害が起こる！，いろいろな突風）

Gakken　2016.2　55p　29cm　3000円　Ⓝ369.3

Ⓘ978-4-05-501193-8

『いのちと未来を守る防災　第5巻　豪雪』

鎌田和宏監修

目次 日本で起きた豪雪，発生（日本ではどのくらいの雪が降るの？，雪が降るのはなぜ？ ほか），一次災害（こんな災害が起こる！――一次災害），避難（家庭の防災，地域の防災），二次災害（こんな災害が起こる！―二次災害），避難生活と支援（避難所ってどんなところ？），復興へ（復興に向かって―被災地を助ける政治のはたらき 市や町の支援，復興に向かう人々，まち）

Gakken　2016.2　47p　29cm　3000円　Ⓝ369.3

Ⓘ978-4-05-501194-5

『NHK学ぼうBOSAI命を守る防災の知恵〔地震・津波はどうして起きるのか〕』

NHK「学ぼうBOSAI」制作班編

目次 地球の"声"を聞こう（地震波が教えてくれること，地震はなぜ起こるの？，地球は生きている，津波はどうして起きる？，津波から命を守るには？），シンサイミライ学校（アニメで学ぶ命を守るキズナ，地震からいのちを守る知恵，きみならどうする？判断の分かれ道，命を守る"手作りBOSAIマップ"，元気が出る"BOSAI食"をつくろう，キャンプで学ぶ"BOSAI力"）

金の星社　2016.3　39p　30cm　3000円　Ⓝ369.3

Ⓘ978-4-323-05871-9

『NHK学ぼうBOSAI命を守る防災の知恵〔被災者に学ぶそのときどう行動したか〕』

NHK「学ぼうBOSAI」制作班編

目次 東日本大震災被災者に学ぶ（消防団は地域住民の命をどう救ったのか？，その状況で，看護師はどう行動したのか？，そのとき，校長先生は，どう決断したのか？，民生委員はお年寄りをどう助けたのか？，そのとき，工場長は

どう判断したのか？，タクシー運転手は救援活動をどう支えたのか？，商業施設運営者はどう指示したのか？），阪神・淡路大震災いのちのリレー（いのちを守る強いココロ―消防士，人と人とのつながりこそが防災―障害者支援，どんなときも助けたい―災害医療，子どもたちの未来を守る―防災教育支援，命の大切さを伝える―震災遺族，何もしない自分はもうイヤだ―災害ボランティア）

金の星社　2016.3　39p　30cm　3000円　Ⓝ369.3　①978-4-323-05872-6

『NHK学ぼうBOSAI命を守る防災の知恵〔噴火・台風・竜巻・落雷どう備えるか〕』

NHK「学ぼうBOSAI」制作班編

目次 地球の声を聞こう―噴火のしくみを学ぼう，地球の声を聞こう―噴火の前に何が起きる？，命を守るチカラ―火山災害の防災ホームドクター，地球の声を聞こう―雷から身を守ろう，地球の声を聞こう―竜巻の正体を知ろう，地球の声を聞こう―猛暑と熱中症，地球の声を聞こう―台風の進路を予測しよう，地球の声を聞こう―自分の町を知って台風に備えよう，命を守るチカラ―天気予報で災害を防ぐ気象台，地球の声を聞こう―集中豪雨から身を守ろう，命を守るチカラ―大雨・土砂災害に備える，地球の声を聞こう―大雪災害に備えよう，命を守るチカラ―フライトドクター，命を守るチカラ―東京消防庁・ハイパーレスキュー隊，命を守るチカラ―災害救助犬・指導手，命を守るチカラ―ロボット開発で災害に備える

金の星社　2016.3　39p　30cm　3000円　Ⓝ369.3　①978-4-323-05873-3

『環境を考えるBOOK〔7〕（災害教育から始まるお話）』

日能研教務部企画・編集

目次 第1章 災害とは，第2章 これって災害？，第3章 平常時にできること1 災害への備え，第4章 平常時にできること2 災害を予測する，第5章 災害に遭遇してしまったら，第6章 しなやかに進み続けよう―問いを大切にして

日能研　2016.4　155p　26cm　（考える×続けるシリーズ）

『感染しないひなん所生活―災害がくる前に教えてはるえ先生！:新型コロナウイルスとこわい感染症から身をまもろう』

岡田晴恵著，片岡信和気象監修

目次 1章（ひなん所に行く，ひなん所に着いたら），2章（感染症をふせぐ居住スペースをつくる，食事を安全にとる），3章（できることは協力する，不安を感じたとき），付録

内容 白鴎大学教授岡田晴恵先生が教えてくれる感染症対策！新型コロナウイルス、インフルエンザ、黄色ブドウ球菌、O‐157、カンピロバクター、ノロウイルス…などから身をまもろう！テレビで人気の！気象予報士・片岡信和さんの気象コラム付き！

　　　　フレーベル館　2020.12　71p　21cm　1500円　Ⓝ369.3　Ⓘ978-4-577-04943-3

『きをつけよう！じぶんのまもりかた──事件・事故・災害・インターネットや病気』

　　藤子・F・不二雄キャラクター原作，舟生岳夫監修

目次 1 じけん・じこ─こうつうじこ・つれさり・しぜん（こうつうルール，きけんなばしょ，るすばん ほか），2 さいがい─じしん・たいふう・かみなり（じしん，たいふう・かみなり，いえにそなえておくといいもの），3 そのほかのきけん─インターネット・びょうき・けが（インターネット，びょうき・けが，じょうぶなからだをつくるための3つのやくそく）

　　　　小学館　2023.7　135p　19cm（ドラえもんのプレ学習シリーズ）
　　　　700円　Ⓝ369.3　Ⓘ978-4-09-253599-2

『クレヨンしんちゃんのアブナイ！ことから自分を守るために知っておきたいこと』

　　臼井儀人キャラクター原作，高田ミレイまんが

内容 身近なキケンは思いもよらないところに潜んでいるもの。「アブナイ！」の例を知って、自らのキケンに対する「察知力」、「対応力」を養います。幼少期～小学生、みんな必読です！！

　　　　双葉社　2018.11　127p　19cm（先生は教えてくれない！）　980円　Ⓝ368.6
　　　　Ⓘ978-4-575-31407-6

『こどものための防災教室──身の守りかたがわかる本』

　　今泉マユ子著

目次 1時間目 命を守る行動1 地震！その瞬間どうする？きほんの身の守りかた，2時間目 命を守る行動2 地震！そのあとどうする？発災直後にすべきこと，3時間目 命を守る行動3 災害！そのときどうする？台風・大雨・土砂災害ほか，4

時間目 身を守るための避難 いつ・どうやって避難する？タイミング・服装・注意点，5時間目 やってみよう！「体験」で防災力アップ 生きる力を身につける

内容 なにがあぶない？どうやってにげる？命を守るための行動がわかる！

理論社　2019.1　111p　27cm　3800円　Ⓝ369.3　Ⓘ978-4-652-20280-7

『こどものためのもしもマニュアル─「きんきゅうじたいにつかうもの」がわかる本〔1〕（たてものの中編─かじやじしんでつかうものがわかる！）』
佐藤健監修

内容 みなさんは、たてものの中で「火災報知機」「消火器」「避難かいだん」などを見たことがありますか？これらのどうぐやせつびは、かじや、じしんなどのきんきゅうじたいがおきたときのために、そなえられているものです。でも、どこにあるのか、どんなときにどうやってつかえばよいのかは、大人でも知らない人が多いもの。もしものときにあわてずにこうどうできるようにこの本で、どうぐやせつびのつかい方を知っておきましょう。

理論社　2024.1　40p　27cm　2500円　Ⓝ369.3
Ⓘ978-4-652-20589-1

『こどものためのもしもマニュアル─「きんきゅうじたいにつかうもの」がわかる本〔2〕（町の中編─助けをよぶときつかうものがわかる！）』
佐藤健監修

内容 みなさんは、町の中にある「公衆電話」をつかったことがありますか？駅のホームやれっしゃの中にある「非常停止ボタン」や「非常通報器」をつかうとどうなるか、知っていますか？これらのどうぐは、きんきゅうじたいがおきて、助けをよびたいときにやくに立つもの。もしものときにあわてずに助けがよべるように、この本を読んでどうぐやせつびのつかい方を知って、ふだんからそなえておくことが大切です。

理論社　2024.1　40p　27cm　2500円　Ⓝ369.3
Ⓘ978-4-652-20590-7

『これからの防災─身につけよう！自助・共助・公助〔1〕（地震・津波）』
近藤誠司監修

目次 地震による災害（日本で起こった地震の災害，地震が起こるとどうなる

の？，地震はどうして起こるの？），地震シミュレーション（家にいる時、緊急地震速報が流れた。危険な場所はどこ？，避難所まで危険な場所を通らないで行く道すじを探そう，地震による火事を発見した。どのように行動したらいい？），津波による災害（津波が起こるとどうなるの？，津波はどうして起こるの？），津波シミュレーション（津波がきた時に、危険がある場所はどこかを考えてみよう，大津波警報が発表されたら、どのように行動する？），やってみよう 街のハザードマップを作ろう，地域の取り組みを知ろう

ポプラ社　2022.4　47p　27cm　3000円　Ⓝ369.3　Ⓘ978-4-591-17279-7

『これからの防災—身につけよう！自助・共助・公助〔2〕（台風・大雨）』
近藤誠司監修

目次 台風・大雨による災害（日本で起こった台風や大雨の災害，台風や大雨が起こるとどうなるの？，台風や大雨、高潮はどうして起こるの？），台風・大雨シミュレーション（台風が接近する前に、どんな準備をしたらいい？，台風や大雨の時、危険な場所はどこかを考えてみよう，土砂災害の前ぶれが起きていないかを探してみよう，避難所まで危険な場所を通らない道すじを探そう，避難所でわたしたちにできることを探してみよう），やってみよう マイ・タイムラインを作ろう，地域の取り組みを知ろう

ポプラ社　2022.4　47p　27cm　3000円　Ⓝ369.3　Ⓘ978-4-591-17280-3

『これからの防災—身につけよう！自助・共助・公助〔3〕（火山・雷・竜巻）』
近藤誠司監修

目次 火山の噴火による災害，火山噴火シミュレーション，雷による災害，雷シミュレーション，竜巻による災害，竜巻シミュレーション，やってみよう 防災体験施設に行ってみよう，地域の取り組みを知ろう

ポプラ社　2022.4　47p　27cm　3000円　Ⓝ369.3　Ⓘ978-4-591-17281-0

『これからの防災—身につけよう！自助・共助・公助〔4〕（大雪・猛暑）』
近藤誠司監修

目次 大雪による災害（日本で起こった大雪の災害，大雪が降るとどうなるの？，大雪はどうして降るの？），大雪シミュレーション（大雪が降ったあとに気をつけることは？，雪がたくさん積もったら、街ではどんなことがこまる？，雪かきや雪下ろしをする時に気をつけることは？），猛暑による災害（猛暑の被害と原因），猛暑シミュレーション（熱中症にならないようにするには、何に注意したらよい？）

ポプラ社　2022.4　47p　27cm　3000円　Ⓝ369.3　Ⓘ978-4-591-17282-7

『サイエンスコナン防災の不思議―名探偵コナン実験・観察ファイル』

青山剛昌原作, 川村康文監修

目次 1 防災の第一歩は、まず知ること！！（あ、学校で地震だ！！, 地震が起こったら、まず机の下！！, 地震はどうして起こるの？ ほか）, 2 防災の二歩目は、過去に学ぶこと！！（過去の地震災害に学ぶ, 過去の津波災害に学ぶ, 過去の台風災害に学ぶ ほか）, 3 防災の三歩目は、サバイバル力！！（災害に備えて用意すべきもの, 非常用持ち出し袋の中身はこれ！！, 防災のためにしておくべきこと ほか）

内容 マグニチュード7クラスの首都圏直下型地震が今後30年以内に70％の確率で発生することが予測されている現在、防災に関する知識は小学生や中学生にも必ず必要となります。いざという時に備え、この本でコナンと一緒に科学的な防災知識を身につけよう！！

　　　　小学館　2017.8　159p　19cm（小学館学習まんがシリーズ）　850円　Ⓝ369.3
　　　　　　　　　　　　　　　　　　　　　　　　　　　　　Ⓘ978-4-09-296635-2

『10才からの防犯・防災―自分の身は自分で守る！』

国崎信江監修, 深蔵マンガ

内容 一人でいるときに、もしも知らない人から声をかけられたら…？ 一人でいるときに雷が鳴ったら？ 地震がきたら？ 道を歩いていて、車にひかれそうになったら…？ この本は、世の中のさまざまな危険から身を守る方法を紹介した一冊です。あなたの心と身体の安全を「自分で守る方法」を知っておきましょう。

　　　　永岡書店　2022.4　159p　21cm（大人だって本当は知らない）　980円　Ⓝ368.6
　　　　　　　　　　　　　　　　　　　　　　　　　　　　　Ⓘ978-4-522-43959-3

『自分を守る！身近な危険』

舟生岳夫監修

目次 第1章 交通の危険（飛び出しの危険, 交差点の危険 ほか）, 第2章 不審者から身を守る！（不審者ってどういう人？, 不審者に会ったら？ ほか）, 第3章 家の中の危険（エレベーターの危険, 家に着いた直後の危険 ほか）, 第4章 外出の危険（シートベルトをしよう, 駐車場まわりの危険 ほか）, 第5章 社会と自然にある危険（いやなことをされたとき, SNSの使い方に注意 ほか）

内容 世の中にはキケンがいっぱい！キミは逃れられるか？交通事故、不審者、留守番、からいじめ、SNS、有害サイト、自然災害（地震・台風・雷・豪雨）などの対処法がわかります。

小学館　2019.3　143p　21cm（小学生のミカタ）　900円　Ⓝ369.3　Ⓘ978-4-09-227302-3

『図解でわかる14歳からの自然災害と防災』

社会応援ネットワーク著，諏訪清二監修

目次 1 その時、こう動こう（緊急地震速報の音がこわいんだけど…。地震が来た！どうしよう？ ほか）、2 避難生活に備えよう（自宅避難中に断水。トイレはどうすればいい？、避難所ではどんなことに困るの？ ほか）、3 災害の仕組みを知ろう（日本は昔からこんなに災害が多かったの？、「この地震による津波の心配は…」って、よくTVでみるけれど…。 ほか）、4 判断できるようになろう（被災するかもしれない、ということを実感できない。防災っていえば地震対策が多いけど、私は大雨対策のことも知りたい。 ほか）

内容「エレベーターで地震にあったら？」「ペットも避難所に連れて行っていい？」こんな時、どうしたらいいんだろう…日頃の備えから、被災時の対応のしかたまで身近で素朴な疑問に専門家がこたえます。今日から使える知識やテクニックが盛りだくさん！14歳から読める！わかる！カラー図版満載！！

太田出版　2022.2　95p　26cm　1500円　Ⓝ369.3　Ⓘ978-4-7783-1793-5

『中高生の防災ブック—今からできる自分の命の守り方』

益田美樹著

目次 1章 防災をデザインしよう（自分で防災をデザインしてみよう！、ハザードマップを活用！）、2章 災害はどうやって起こる？（地震と津波を知ろう、気象災害・風水害を知ろう ほか）、3章 家での「自分の防災」デザイン（自主DIGワーク（おうち編）、平常時、そして発災前の備え ほか）、4章 外での「自分の防災」デザイン（自主DIGワーク（お出かけ編）、学校での防災を見てみよう ほか）、5章 未来への防災（5年後10年後のこれからの防災、正しく恐れる ほか）

内容 この本では、防災の中でも中高生のみなさんにぜひ知っておいてほしい事柄や考え方を項目立てて紹介しています。災害は、完全には防ぐことはできません。そして、災害の原因には人間の「しわざ」が影響していることもあるのです。では、どうするのか？家で、通学路で、学校で—備えることで減らせる被害が確実にあります。防災によって、どうか、自分や大切な人の命を守れる人になってください。そして、身近な生活を見直し、これからも暮らし続けられる未来をどうつくっていくのか考えてみましょう。

ぺりかん社　2023.9　141p　21cm　（なるにはBOOKS〔別巻〕）　1700円　Ⓝ369.3
Ⓘ978-4-8315-1647-3

『どうする？—災害時の命の平等編』

小林学美作，石川貴幸絵

内容 災害の時、地域の人たちみんなの命を守り合うために、災害時の課題と解決策をみんなで話し合おう。共生社会を目指して、精神保健福祉士と作業療法

士が共に取り組んだこの絵本が手掛かりとなる。日米対訳で読めるインクルーシブな防災社会を考える一冊。

明石書店　2022.3　30p　19×19cm　1200円　Ⓝ369.3　Ⓘ978-4-7503-5354-8

『どこがあぶないのかな？〔4〕（ぼうさい）』

渡邉正樹監修，池田蔵人イラスト

目次 家にいるときに地しんが来たよ，学校にいるときに地しんが来たよ，外にいるときに地しんが来たよ，海の近くにいるときに地しんが来たよ，かみなりが鳴っているよ，大雨の中、友だちの家に行こうとしているよ

少年写真新聞社　2015.12　43p　27cm（危険予測シリーズ）
1800円　Ⓝ369.3　Ⓘ978-4-87981-537-8

『土砂災害とひなん』

佐藤丈晴著

内容 避難の必要な場所は、どんなところ？大雨注意報、大雨警報，避難勧告、避難指示などが発表されたとき、どこを通って避難すればいいの？子どもたちに避難のタイミングを分かりやすく伝えます。幼児から小学生対象。

吉備人出版　2018.6　30p　27cm（子どもの命を守る防災教育絵本〔3〕）　1200円
Ⓝ369.3　Ⓘ978-4-86069-548-4

『土砂災害のきほん』

佐藤丈晴著

内容 いつ発生するか分からない地震やつなみ、土砂災害、河川氾濫などの自然災害。これまで、基本的な知識を身につけておれば多くの命が救えた、というケースが少なくありませんでした。土砂災害はどのようにして起こるのか、どういう兆候がみられるのか、どうしたら逃げられるのかなど、防災のために基本知識が身につきます。子どもたちが自分で判断できる知識を持たせるための絵本です。

吉備人出版　2016.6　30p　27cm（子どもの命を守る防災教育絵本〔1〕）　1200円
Ⓝ369.3　Ⓘ978-4-86069-473-9

『土石流のチカラ』

佐藤丈晴著

内容「土石竜」は危険！ 気をつけろ！ 逃げ道はこっちだ！土石流が「土石竜」
になって、危険をわかりやすく伝える！砂災害の中で一番被害が大きな災害は、
土石流です。土石流の危険な場所は、谷の出口や山すその傾斜地などです。キャ
ラクター化した「土石竜」を主人公にして、土石流の特徴を子どもたちに伝え
ています。読者対象は幼児から小学生。

吉備人出版　2017.4　30p　27cm（子どもの命を守る防災教育絵本〔2〕）　1200円

『どっちを選ぶ？クイズで学ぶ！自然災害サバイバル〔1〕（地震）』
木原実監修，大野直人イラスト

目次　リビングにいたら大きな地震が！どこへ逃げる？，地震のゆれがおさまっ
た。まずするべきことは？，ドアが開かず、閉じこめられた！外にいる人にど
うやって伝える？，家にいるのはあぶなそう。家族は外出中だけど、どうす
る？，家で飼っている犬やねこは、避難所に連れていってもいい？，さあ、避
難所へ向かおう！家から出るとき、どうすればいい？，ろう下に出たらけむり
が！どうやって逃げればいい？，火事のとき、建物の外に出るにはどっちの階
段を使えばいい？，エレベーターのなかで余震が！どの階のボタンを押す？，
家から避難所まで逃げるときの安全なルートはどれ？，避難所まで向かうとき
どうやって移動すればいい？，がれきにうまっている人がいる！どうやって助
ける？，避難所に向かう途中、トイレにいきたくなったら？，防災スピーカー
から津波警報が！どこへ逃げればいい？，津波からの避難中、遠くに友だちが！
どうする？，避難中に足をくじいてしまった。まずどこに向かう？，家族と電
話で連絡を取りたい。どっちの電話を使う？，家族に電話がつながらない。ど
の番号に電話すればいい？

日本図書センター　2020.4　55p　25cm　3000円　Ⓝ369.3　Ⓘ978-4-284-20455-2

『どっちを選ぶ？クイズで学ぶ！自然災害サバイバル〔2〕（水害）』
木原実監修，小松亜紗美イラスト

目次　雨と風が強くなってきた！まず、なにをすればいい？，「警戒レベル4」が
出ている！家族は外出中だけど、どうする？，避難所に向かうとき、どっちの
くつをはいていく？，避難するのがあぶない水の深さは？，避難所にいけない
とき、まず家ですることは？，家族にメッセージを残すとき、なにに書けばい
い？，どの道をとおって避難所にいけばいい？，風が強く、道路は水びたし。
どうやって歩けばいい？，くつのなかがぬれて歩きづらい。どうしたらいい？，
息が苦しいくらい雨が強い。これって何ミリの雨？，強風が吹いている。この
なかで危険な場所はどこ？，川でおぼれている人を発見！なにを投げ入れる？，
土石流がおこる前ぶれを3つ選ぼう！，川上から土石流が流れてきた！どっち
へ逃げる？，雷がなっているときにあぶないのはどっち？，近くに建物がない！
雷からどうやって身を守る？，電線がたれ下がっている。どうする？，「避難

所が満員らしい」といってもどってくる人がいた。どうする？

日本図書センター　2020.4　55p　25cm　3000円　Ⓝ369.3　Ⓘ978-4-284-20456-9

『どっちを選ぶ？クイズで学ぶ！自然災害サバイバル〔3〕(避難生活)』

木原実監修

目次 骨が折れているみたい。応急処置に使えるものは？，切り傷でたくさん血が出ている！どうやって傷口をふさげばいい？，配られたおかしとおにぎり、どっちを先に食べる？，ひとりが1日に必要とする飲み水の量はどれくらい？，トイレが大行列。簡易トイレの材料をさがそう！，熱中症になったかも。ぬれタオルはどこに当てればいい？，ゆかがかたくておしりがいたい！どっちを使えばいい？，慣れない場所でねむれない。どうしたらいい？，ひとりが暮らすのに必要最低限なスペースは？，単三電池を単一電池に変えるには、なにとなにが必要？，あかりがほしいとき、ろうそく代わりになるのは？，くつがにおいはじめた。どうしたらいい？，雨にぬれてお札がやぶれた！どれくらい残っていれば使える？，給水車がやってきた！飲み水を運ぶのに向いているのは？，夏場、ひなたにおいた飲み水はどれくらいもつ？，避難中にシャワーを浴びるとき、どのようにするのがいい？，避難所は、震災直後でなく途中からでも利用できる？，体育館にはまだ人がいるけど、学校はいつ再開するの？

日本図書センター　2020.4　55p　25cm　Ⓝ369.3　Ⓘ978-4-284-20457-6

『ドラえもん探究 ワールド自然の脅威と防災』

藤子・F・不二雄まんが，藤子プロ，静岡大学防災総合センター監修

目次 1章 自然の脅威（大雨だけじゃない？洪水とその原因にせまる！，台風の生まれ方、渦巻く空気の暴れん坊、竜巻 ほか），2章 歴史に学ぶ（先人の知恵，災害の記録），3章 最新防災マニュアル（自然の脅威に備えよう，洪水への備え，台風襲来！どうする？ ほか）

内容 自然災害のメカニズムを知り、「もしも」にそなえる1冊！

小学館　2020.10　197p　19cm（ビッグ・コロタン〔181〕）　850円　Ⓝ369.3　Ⓘ978-4-09-259181-3

『はじめての着衣泳教室——海水浴、川遊び、プール、豪雨、津波など水の事故から命を守る』

岩崎恭子著

目次 1 着衣泳ってなに？（水辺の事故や水害から命を守るために，水の中を歩いてみよう，水の中では横歩きが歩きやすい ほか），2 もしも水に落ちてしまったら（出かける前に確認すること，水辺で遊ぶときに注意すること，水に落ち

てしまったら，水に落ちた人を見つけたら，119番（118番）のかけ方，浮き具になるものの渡し方），3 水の事故や水泳の指導（世界における水の事故と取り組み，日本における水の事故，世界の水泳指導）

誠文堂新光社　2023.12　48p　28cm　3000円　Ⓝ785.2　Ⓘ978-4-416-62367-1

『はれるんのぼうさい教室──もしものとき、どうすればいいの？』

堀江譲絵と文，日本気象予報士会監修

目次「かみなり」，「たつまき」，「大雨」，「強風」，「熱中症」，「光化学スモッグ」，「PM2.5」，「きり」，「氷・とうけつ」，「大地しん」，「雪」，いざというときに

内容「もしものとき」に安全に行動するために絵でわかりやすくかいせつしたよ！ "はれるん"といっしょに勉強しようね。

東京堂出版　2015.6　109p　21cm　1300円　Ⓝ369.3　Ⓘ978-4-490-20909-9

『防災学習ガイドもしものときにそなえよう〔1〕（台風・豪雨)』

国崎信江監修

目次 1章 台風・豪雨について学ぼう（日本をくり返しおそってきた台風・豪雨，どうして台風が起きるの？，どうして豪雨が起きるの？ ほか），2章 もしものときにそなえよう──台風・豪雨編（マンガ 台風が近づいてきた！，台風情報を見てみよう，警戒レベルととるべき行動は？ ほか），3章 情報の調べ方，まとめ方（防災について文章を書いてみよう，資料編 おもな台風・豪雨の被害の歴史）

金の星社　2021.1　47p　30cm　3200円　Ⓝ369.3
Ⓘ978-4-323-05891-7

『防災学習ガイドもしものときにそなえよう〔2〕（地震)』

国崎信江監修

目次 1章 地震について学ぼう（日本をくり返しおそってきた地震，日本はどうして地震が多いの？，地震がもたらす被害），2章 もしものときにそなえよう──地震編（マンガ 地震発生！，緊急地震速報とは？，ゆれから身を守るには？ 1 家の中 ほか），3章 防災マップのつくり方（防災マップをつくろう，資料編 おもな地震の被害の歴史）

金の星社　2021.2　47p　30cm　3200円　Ⓝ369.3
Ⓘ978-4-323-05892-4

『防災学習ガイドもしものときにそなえよう〔3〕（津波）』
国崎信江監修

目次 1章 津波について学ぼう（日本をくり返しおそってきた津波，どうして津波が起きるの？，津波の特徴とは？，津波がもたらす被害），2章 もしものときにそなえよう 津波編（マンガ 津波からにげて，津波警報・津波注意報とは？，津波から身を守るには？1 海の近くにいるとき，津波から身を守るには？2 平地にいるとき，津波の標識を知っておこう，避難所ってどんなところ？，避難所で過ごす注意点，家庭の防災 ハザードマップを見ておこう，地域の防災 地域の取り組みを調べてみよう），3章 防災新聞のつくり方（防災新聞をつくろう，資料編 おもな津波の被害の歴史）

金の星社　2021.3　47p　30cm　3200円　Ⓝ369.3　Ⓘ978-4-323-05893-1

『防災学習ガイドもしものときにそなえよう〔4〕（噴火・豪雪）』
国崎信江監修

目次 1章 噴火について学ぼう（日本をくり返しおそってきた噴火，火山って何？ ほか），2章 もしものときにそなえよう 噴火編（マンガ もし富士山が噴火したら？，噴火の危険を知らせるしくみ ほか），3章 豪雪について学ぼう（日本をくり返しおそってきた豪雪，日本で雪が降るしくみ ほか），4章 もしものときにそなえよう 豪雪編（マンガ 雪の多い地域では，転倒や除雪事故から身を守るには？ ほか），5章 防災カルタのつくり方（防災カルタをつくろう，資料編 おもな噴火の被害の歴史／おもな豪雪の被害の歴史）

金の星社　2021.3　47p　30cm　3200円　Ⓝ369.3　Ⓘ978-4-323-05894-8

『防災・防犯シミュレーション〔1〕（大地震そのときどうする？）』
国崎信江監修

内容 地震はいつ、どこで起こるかわかりません。地震のときにどのように身を守ればよいか、何に困るのかを知っておくことは、いざというときの助けになるはず！この本を読みながら「自分ならどうする？」と考えて、「もしも」にそなえましょう！

ほるぷ出版　2018.10　47p　28cm　3000円　Ⓝ369.3
Ⓘ978-4-593-58789-6

『防災・防犯シミュレーション〔2〕（気象災害そのときどうする？）』

国崎信江監修

内容 毎年大きな被害をもたらす、台風や豪雨などの気象災害。しかし、気象情報や警報などに注意することで、あらかじめそなえたり、被害をおさえたりすることもできます。気象災害で生じる危険や、身の守り方を知っておくのは、とても大切なこと。この本を読みながら「自分ならどうする？」と考えて、「もしも」にそなえましょう！

ほるぷ出版　2019.2　47p　28cm　3000円　Ⓝ369.3
Ⓘ978-4-593-58790-2

『防災・防犯シミュレーション〔3〕（身近な危険そのときどうする？)）』

国崎信江監修

目次 身近な危険1 マンガ犯罪はすぐそばに？そのときどうする！？（留守番中、だれかがたずねてきた！？，留守番中に電話がかかってきたら…，公園のトイレ、どの個室を使う？ほか），こんなときどうする？（車─車に乗った人から声をかけられた！，夜道─塾でおそくなっちゃった…。どんな道を帰ればいい？，声かけ─友だちが知らない人に声をかけられている！ほか），身近な危険2 マンガはじめてのスマホ・SNSそのときどうする！？（SNSに個人情報を登録してもいい？，スマホでとった写真をネットにあげてもいい？，SNS用のアイコンに、他人がかいたイラストを使ってもいい？ほか）

ほるぷ出版　2019.2　47p　28cm　3000円　Ⓝ369.3　Ⓘ978-4-593-58791-9

『防犯・防災イラストBOOK─小学生のステキルール　めちゃカワMAX！！』

ALSOK，東京海上日動火災保険株式会社監修

内容 あやしい人に声をかけられたら？SNSのトラブルに巻きこまれたら？地震や津波が起きてしまったら？身近な危険から身を守る方法が、これ一冊にギュッと詰まっているよ！

新星出版社　2019.8　176,13p　19cm　1200円　Ⓝ368.6　Ⓘ978-4-405-01242-4

『ぼくらの災害サバイバルBOOK─「地震」「水害」…もしもにそなえる！』

国崎信江監修，主婦の友社編

目次 第1章 地震（スマホから緊急地震速報が！，地震が起こったら、まずすべきこと ほか），第2章 水害（災害を引き起こす雲，かみなりがなったら ほか），第3章 情報・連らく（はなれている家族にメッセージ，災害時に情報を得る ほか），第4章 災害に備える（避難グッズを入れるのに一番いいもの，地震のときに危険な家具の置き方 ほか），第5章 被災生活（給水車から水をもらうのに便利なもの，照明がほしいとき役に立つもの ほか）

内容 きみは防災クイズにコンプリートできるか！？生き残るスキルを身につけろ！

主婦の友社　2018.12　95p　23cm　1200円　Ⓝ369.3　Ⓘ978-4-07-434537-3

『身近な危険─防災と防犯』

オオタヤスシマンガ・イラスト

目次 1章 道路や踏切，2章 外出先，3章 あやしい人，4章 家の中，5章 学校，6章 災害

内容 小学生のための世の中を生きぬく力を身につける本。

旺文社　2016.7　159p　21cm　（学校では教えてくれない大切なこと〔10〕）　850円
Ⓝ369.3　Ⓘ978-4-01-011108-6

『みんなで防災アクション！─国際レスキュー隊サニーさんが教えてくれたこと〔2〕（交通事故や火事から身を守ろう）』

神谷サニー著

内容 もしも、火事が起きて部屋の中に取りのこされてしまったら、車に乗っているとき、ホームを歩いているときに事故に巻きこまれてしまったら、どうしますか？災害や事故はある日とつぜん、やって来ます。今まで経験したことがなくても、いつか経験する可能性は、だれにでもあるのです。その「いつか」に遭遇したとき、命を守るヒントがこの本にはたくさんつまっています。さあ、サニーさんといっしょに、防災アクションに挑戦しよう！

評論社　2016.4　47p　29cm　3800円　Ⓝ369.3
Ⓘ978-4-566-03063-3

『みんなの津波避難22のルール─3つのSで生き残れ！』

永野海著

目次 第1部 津波からいのちを守るために（さいしょのS SWITCH（スイッチ）津波避難のスイッチ，ふたつめのS SAFE（セーフ）安全な場所に安全なルー

ト で, さ い ご の S SAVE（セーブ）避難後もいのちを守る）, 第2部 やってみよ
う！防災に役立つ8つのミッション（いざ！というときに役立つカードをつくっ
てみよう, 近所の人のことを知ろう, 避難所ってどんなところか知っておこう
ほか）, 第3部「めざせ！津波避難マスター」にチャレンジ！（「めざせ！津波避
難マスター」とは, ゲームの進め方, ゲームのタイムテーブル ほか）, 巻末資
料 現地をたずねてみよう（東日本大震災編, 全国災害痕跡編）

内容 東日本大震災の被災者支援をしている弁護士・防災士の著者が、津波から
いのちを守るために、「これだけは知っておいてほしい！」ことを「3つのS」と「22
のルール」にまとめました。巻末資料では、全国各地の災害痕跡についての資
料も。みらい、まもる、はなたろうと楽しみながら、津波からいのちを守る方
法を学ぼう！

合同出版　2021.3　111p　26cm　2200円　Ⓝ369.31　Ⓘ978-4-7726-1455-9

『もしもトイレがなかったら』

加藤篤著

内容 あなたは、トイレについて真剣に考えたことがありま
すか？「もしもトイレがなくなったら？」「うんちやおしっ
こを一日中がまんすることはできる？」「どんなによごれ
たトイレでも、落ち着いてうんちできる？」この本を読む
と、トイレに対する考え方が変わります！

少年写真新聞社　2020.11　142p　22cm（ちしきのもり）　1600円
Ⓝ518.51　Ⓘ978-4-87981-728-0

『「もしも」にそなえて「今」できること命をつなぐ防災〔1〕（その ときどうする？もしも災害が起こったら）』

舩木伸江監修

目次 命はどうやって守るの？, 東日本大震災の体験談, 平
成30年7月豪雨の体験談, そのほかの災害が発生！1 雷か
ら身を守るために, そのほかの災害が発生！2 竜巻から身
を守るために, そのほかの災害が発生！3 大雪から身を守
るために, そのほかの災害が発生！4 火山噴火から身を守
るために

内容 地震や台風・豪雨などの自然災害は、ひとごとではあ
りません。今この瞬間に災害が起こったら、きみは命を守
る判断や行動ができるでしょうか。私たちは、災害の発生
を食い止めることはできませんが、命を守る力を養うことはできます。この本
では被災者の体験談を読むことができますが、ここで取りあげている被災者の
経験は、未来の自分の身に起こることかもしれません。体験談を読んで災害を

イメージすることは、「『もしも』にそなえて『今』できること」の第一歩になります。大切な命をつなぐために、災害を自分ごととして考えてみるところからはじめましょう。

偕成社　2021.1　47p　29cm　2800円　Ⓝ369.3　Ⓘ978-4-03-623210-9

『「もしも」にそなえて「今」できること命をつなぐ防災〔2〕（今日からできる！命をつなぐそなえ)』
舩木伸江監修

目次　もののそなえ（ライフラインが止まったときのそなえ，水のそなえ，食べ物のそなえ　ほか），環境のそなえ（家のなかの危険を減らそう，防災チャレンジ―自分が過ごしている部屋を安全にするプランを立てよう，ひなん訓練の体験談―昼休みに緊急地震速報が鳴ったあのときをふりかえって），行動のそなえ（ひなん訓練で逃げる練習をしよう，ハザードマップで危険を知ろう，防災チャレンジ―防災さんぽで危険な場所をチェックしよう　ほか）

偕成社　2021.4　47p　29cm　2800円　Ⓝ369.3
Ⓘ978-4-03-623220-8

『「もしも」にそなえて「今」できること命をつなぐ防災〔3〕（みんなで助けあう！ひなん生活と復興)』
舩木伸江監修

目次　平成28年熊本地震の体験談（まわりに助けられたひなん所での生活，あのときをふりかえって），ひなん生活（ひなん所ってどんな場所？，みんなで共同生活をするときに気をつけること　ほか），ひなん中の健康と衛生（ひなん生活を健康に過ごすためのくふう，清潔な環境を整えよう　ほか），平成30年7月豪雨の体験談（SNSでリアルタイムの被災状況を確認した，あのときをふりかえって），支援・復興（災害時のSNSの活用のしかた，正しい情報を見極めよう　ほか）

内容　もしも今、災害が起こったら、きみは状況を見極めて適切なひなん行動をとることができるでしょうか。この本では被災者の体験談を読むことができますが、ここで取りあげている被災者の経験は、未来の自分の身に起こることかもしれません。体験談を読んで災害をイメージすることは、「『もしも』にそなえて『今』できること」の第一歩になります。大切な命をつなぐために、災害を自分ごととして考えてみるところからはじめましょう。

偕成社　2021.4　47p　29cm　2800円　Ⓝ369.3　Ⓘ978-4-03-623230-7

『もしものときにきみならどうする？防災〔1〕（学校）』

国崎信江監修

目次 もしも学校にいるときに、災害が起きたら…身を守るためのこころえ5か条！，地震って何？津波って何？，絵さがし 教室で地震発生！絵さがし 学校のいろいろな場所にいたらどうする！？，めいろ ゆれがおさまったらどうする？，絵さがし 下校中に地震が起きたら…，めいろ 津波が来た！さあ、どうする？，もっと知りたい！ひなん場所への行きかたを調べよう！，もっと知りたい！家族とのれんらく、どうやってとる？

WAVE出版 2019.12 47p 29cm 3000円 Ⓝ369.3 Ⓘ978-4-86621-248-7

『もしものときにきみならどうする？防災〔2〕（家）』

国崎信江監修

目次 もしも家にいるときに、災害が起きたら―身を守るためのこころえ5か条！，台風って何？，停電になったら、どうしたらいいの？，断水になったら、どうしたらいいの？，絵さがし・台風が接近中！，見つけた！？台風が近づいているときのきけんポイント，マイアクションを考えよう・台風が来るとわかったら…，クイズ・台風が接近中、または通過中！家からひなんする？しない？，家の近くのきけんポイントを見つけよう！，絵さがし・台風が来た！，見つけた！？台風の日を家で過ごすときのきけんポイント，マイアクションを考えよう・家にいるとき、台風が発生したら…，絵さがし・家のなかで地震発生！，見つけた！？家のなかで地震が起きたときのきけんポイント，マイアクションを考えよう・家で地震が起きたら…，集めよう！家にあるもので、どうやって防災たいさくをする？，家にあるもの、どんなときに役に立つ？，こんなものがあるとさらに役に立つ！，絵さがし・きけんを見つけて、家のなかを防災たいさくしよう！，見つけた！？家のなかのきけんポイント，もっと知りたい！ひなん所でのすごしかた

WAVE出版 2020.2 47p 29cm 3000円 Ⓝ369.3 Ⓘ978-4-86621-249-4

『もしものときにきみならどうする？防災〔3〕（まち）』

国崎信江監修

目次 もしもまちにいるときに、災害が起きたら―身を守るためのこころえ5か条！，どうして大雨がふるの？，絵さがし・まちで局地的大雨発生！，見つけた！？まちで局地的大雨が発生したときのきけんポイント，マイアクションを考えよう・まちにいるときに、局地的大雨が発生したら…，絵さがし・集中豪雨のあと、きけんな場所はどこ？，土砂災害のきけんポイント，絵さがし・まちで地震発生！，見つけた！？まちで地震が起きたときのきけんポイント，マイアクションを考えよう・まちで地震が起きたら…，絵さがし・ショッピング

モールで地震発生！，見つけた！？ショッピングモールで地震が起きたときの
きけんポイント，マイアクションを考えよう・ショッピングモールで地震が起
きたら…，めいろ・地震後，ショッピングモールのなかから外へひなんしよう！，
みつけた！？ショッピングモールからひなんするときのきけんポイント，マイ
アクションを考えよう・外へひなんするときは…，めいろ・地震発生後のまち
を歩いて，ひなん所をめざそう！，見つけた！？地震発生後のまちのきけんポ
イント，もっと知りたい！災害時のおうきゅうしょち，もっと知りたい！まち
のなかの災害たいさく

WAVE出版　2020.3　47p　29cm　3000円　Ⓝ369.3　Ⓘ978-4-86621-250-0

『もしものときにそなえよう！命を守る防災〔1〕（わたしの防災——一人でいるときに自然災害にあったら）』

佐伯潤，命を守る防災制作委員会著

目次 災害って何？，防災は命と生活を守るために大事なこ
と，1 命を守るために！災害時の行動を考えよう，2 毎日
のこんな行動がもしも！のときのそなえになる わたしに
できる防災，3 自分ならどうする？もしも！のときのそな
えを考えて文章にまとめよう，4 防災ゲームで学ぼう 防災
サイコロで行動をイメージしよう

内容 もしも、家や学校帰りなどで一人でいるときに大地震
や洪水、土しゃくずれなどの自然災害が起きたらどう行動
すればいいでしょうか。もしものときにそなえて、一人でも行動できるように
考えましょう。そなえておくことは自分の命を守ることにつながります。

汐文社　2022.2　47p　27cm　2800円　Ⓝ369.3　Ⓘ978-4-8113-2795-2

『もしものときにそなえよう！命を守る防災〔2〕（家族の防災—災害が起きたら家の中はどうなるの）』

佐伯潤，命を守る防災制作委員会著

目次 家族みんなの防災ってどういうこと？，1 家の被害と
家族の防災 災害が起きたら家の中はどうなるの？，2 もし
も大人が家にいなかったら 災害時の連絡方法と待ち合わ
せ，3 家族でそなえよう！命をつなぐ非常用グッズ，4 家
族で移動中の防災 車や公共交通機関で災害にあったら，5
自分ならどうする？もしも！のときのそなえを考えて文章
にまとめよう

内容 災害からの被害を少なくするために、家族みんなで準
備できることがあります。家族はひとつのチーム。災害が

起きたとき、どうしたら被害を最小限にできるか、家族みんなが元気ですごすためにはどうしたらいいのか、その行動をあらかじめ家族で決めておくことが家族にとっての大事な防災になってきます。

汐文社　2022.3　47p　27cm　2800円　Ⓝ369.3　Ⓘ978-4-8113-2796-9

『もしものときにそなえよう！命を守る防災〔3〕（社会の防災―自然災害でインフラはどうなるの）』

佐伯潤，命を守る防災制作委員会著

目次 社会の防災ってどういうこと？，毎日の生活に欠かせないものって何だろう？，生活、情報、通信、治安、交通機関、物流・お店、病院・薬（防災×行政，防災×治安，防災×電気，防災×ガス，防災×水道，防災×下水道，防災×物流，防災×お店，防災×情報，防災×通信，防災×道路，防災×電車，防災×病院・薬，防災×ボランティア），災害時に出動する緊急車両，自分ならどうする？もしも！のときのそなえを考えて文章にまとめよう

内容 災害が起きたときに、避難を指示するのはだれ？被災地がどうなっているのか、状況を教えてくれるのはだれ？電気や水道、ガスが止まってしまったらどうするの？災害とたたかうには、社会の全員が力を合わせて立ち向かう必要があります。国全体のまとまりが求められる大きなチームワーク「社会の防災」について学びましょう。

汐文社　2022.3　47p　27cm　2800円　Ⓝ369.3　Ⓘ978-4-8113-2797-6

◇絵本・あそびでまなぶ防災

『遊びで防災体験〔1〕―もしもの時にあわてない16の備えと知恵〈図書館版〉』

神谷明宏著

目次 わが町再発見！防災マップをつくろう，自分たちの住む町をチェック！！，レポーターなりきりインタビュー，避難所までの安全経路を確認しよう，避難所までの安全経路探検にしゅっぱーつ！！，お役立ち機械や施設をチェックしよう，災害が起こったら、きみはどうする？，家族で「もしも…」の時を話し合おう，サバイバルゲームで生きぬこう！，災害時用ピクトグラムクイズ，覚えておくと便利なロープワーク，ブルーシートのテントでおうちキャンプ，2階からロープはしごで脱出！，人を運び出す方法，非常持ち出し袋チェック，非常食味くらべコンテスト，防災かるたをつくろう，家の中のレッドカード、イ

エローカード，遊びながら防災意識が身につく防災体験キャンププログラム

いかだ社　2022.3　47p　27cm　（楽しく身につく防災学習）300円　Ⓝ369.3
Ⓘ978-4-87051-570-3

『遊びで防災体験〔3〕—ストレスなんてふきとばす37の遊び』

神谷明宏

目次　1 初めての人とでも仲良くなれるゲーム（ハンカチ拍手，鼻と耳 ほか），2 2人で行うゲーム（あっち向けホイ！，お面屋さん ほか），3 集団ゲーム（ラインアップ，なんでもバスケット ほか），4 おもしろ室内オリンピック（室内オリンピックの進め方，個人戦 ほか）

いかだ社　2022.4　47p　27cm　（避難所わくわくレクリエーション）2300円　Ⓝ369.3
Ⓘ978-4-87051-572-7

『一生つかえる！おまもりルール ぼうさい』

山村武彦監修，the rocket gold star絵

内容　しぜんがあばれておこってしまうのが、「さいがい」。「こわい！」とおもったとき、どうすればいいんだろう。これからおしえるおまもりルールで、じぶんでじぶんをまもれるようになろう！5歳からの防災ルール。災害新時代に子どもを守るための35の防災ルール。

Gakken　2022.3　55p　21cm　1400円　Ⓝ369.3
Ⓘ978-4-05-205525-6

『ガチャピン・ムックといっしょに作って学ぶはじめての防災』

国崎信江著・監修

目次　1章 日本はさい害が多いって本当なの？，2章 ぼうさいマップってどんなもの？，3章 大雨や台風など水害について知ろう，4章 家族の約束シートを作ろう，5章 マイ・タイムラインを作ろう！，6章 ぼうさいマスターにチャレンジしよう！，付録

内容　地しん、つ波、台風、ごう雨…。もしものときにそなえよう。

ジャムハウス　2022.8　80p　26cm　1800円　Ⓝ369.3　Ⓘ978-4-910680-10-1

『クイズでたのしむあんぜんえほん』

宮田美恵子著，伊藤ハムスター絵

目次 こうつうあんぜん（くつひもがほどけているよ。このままでかけていいの？，どうろをあるくときはみぎがわ・ひだりがわのどちらをあるくの？ ほか），ほけん（そとからかえってきたらまずなにをしたらいいの？，ごはんやおやつはいそいでかまずにたべてもいいの？ ほか），じこをふせぐ（ろうかやかいだんではしったりふざけたりしていいの？，ドアをいきおいよくあけていいの？ ほか），ぼうはん（あそびにでかけるまえにおうちのひとにつたえることはなにかな？，いえのかぎをもってでかけるときはどこにしまっておけばいいの？ ほか），ぼうさい（ふだんはいかないばしょへいったときにしておくといいことはなにかな？，たてもののなかでじしんがおきたときはまずどうする？ ほか）

内容 小学校入学前に知っておきたい！子どもを守る100のクイズ。

幻冬舎　2023.3　75p　21cm　1400円　Ⓝ369.3　Ⓘ978-4-344-79136-7

『ぐらぐらゆれたらだんごむし！―おやこでまなぼう！防災しかけ絵本』

国崎信江監修，Meg絵

内容 地震から子どもを守る絵本。動物たちがわかりやすいしぐさで身の守り方をやさしく教えます。おうちで遊んでいるとき、公園で遊んでいるとき、お風呂に入っているとき……。地面がぐらぐらゆれたらどうするのかな？

東京書店　2018.3　1冊　18×18cm　1200円　Ⓝ369.31　Ⓘ978-4-88574-345-0

『ぐらっとゆれたらどうする！？―そらジローときはらさんの防災えほん』

そらジロー，木原実文・解説，小柴直之絵

目次 ぐらっとゆれたらどうする！？，ふうすいがいたいさくをしよう！，つなみからにげろ！，熱中症に気をつけよう！，ふゆしょうぐんがやってきた

内容 もしもにそなえる。地震、台風、大雨、カミナリ、津波、熱中症、大雪―から、いのちを守る。そらジロー、くもジロー、ぽつリンといっしょに防災について考えよう。

小学館　2015.11　31p　21×21cm　1000円　Ⓝ369.3　Ⓘ978-4-09-726615-0

『防災室の日曜日―カラスてんぐととうめい人間』

村上しいこ作，田中六大絵

内容 ここは、まんねん小学校の防災室。さいがいがあったときのために、いろんな防災グッズがいます。でも、ひじょう食の板チョコは、もうすぐ、しょうみきげんがきれてしまいそう！そんな板チョコのために、みんなが考えたこととは…？小学初級から。

講談社　2020.11　92p　22cm　（わくわくライブラリー）　1200円
Ⓝ913.6　Ⓘ978-4-06-521410-7

『みんなの防災えほん』

山村武彦監修，YUU絵

内容　避難場所がどこにあるか、知っていますか？災害がおこったとき、自分が
いつ、どこにいても、安全な場所へにげられるように学んでいこう！地震、津
波、台風、大雪、かみなり…。災害から身をまもるためにできることはなにか、
かんがえるきっかけになる1冊！

PHP研究所　2017.8　39p　29cm　（たのしいちしきえほん）　1600円　Ⓝ369.3
Ⓘ978-4-569-78686-5

◇防災事典・図鑑

『いざというとき使えるために緊急のものトリセツ図鑑〔1〕（たてもの）』

目次　消火器（各部の名前，はじめてのトリセツ 消火器の
使い方），火災報知機（各部の名前，はじめてのトリセツ
火災報知機の使い方），非常呼びボタン（各部の名前，は
じめてのトリセツ 非常時のボタンの使い方），避難器具（各
部の名前，はじめてのトリセツ 避難器具の使い方）

教育画劇　2020.2　35p　31cm　3500円　Ⓝ369.3
Ⓘ978-4-7746-2198-2

『いざというとき使えるために緊急のものトリセツ図鑑〔2〕（のりもの）』

目次　非常通報器（すぐ停止するとは限らない，SOSマーク
を探そう！ ほか），ドアコック（ドアはなるべく使わない），
非常停止ボタン（ボタンを押すとどうなる？，転落を知ら
せるマット ほか），非常ブレーキ（高速バスの非常停止，
運転手の顔を自動検知 ほか），非常電話（道路管制センター
につながる，なるべく道路に出ない ほか）

教育画劇　2020.4　35p　31cm　3500円　Ⓝ369.3
Ⓘ978-4-7746-2199-9

『いざというとき使えるために備えのものトリセツ図鑑〔3〕（災害対策）』

目次 ハザードマップ（避難する場所を確認しよう，安全な道を調べよう ほか），非常持出袋（備蓄を点検しよう！，備蓄は難しい？），災害時の注意（はじめてのトリセツ 地震から身を守る，「お・は・し・も」の約束 ほか），避難時の注意（情報を受け取ろう，避難所での生活 ほか）

教育画劇　2021.4　35p　31cm　3500円　Ⓝ369.3

Ⓘ978-4-7746-2234-7

『いのちを守るために知る災害メカニズム図鑑』

牧紀男，榎本剛，後藤浩之，中野元太，丹治星河，渦岡良介監修，エディット著，イケウチリリーイラスト，椎原幸子図解イラスト

内容 エレベーター内で，駅のホームで，海の近くで，トイレの中で…地震！！君はどうする？エレベーター内なら→ボタンは全押し！？駅なら→とにかく改札へ走る！？海の近くなら→海のようすを見にいく！？トイレの中なら→ドアを開ける！？正しい知識でいのちを守ろう！防災・減災でまず大切なのは、災害が起きるしくみを知ること。この本でいっしょに学んでいきましょう。

二見書房　2023.9　135p　21cm　1900円　Ⓝ369.3　Ⓘ978-4-576-23099-3

『58の用語でわかる！防災なるほど解説〔上巻〕（災害をまねく自然現象・さまざまな自然災害・災害予防）』

安全・安心な社会創造研究所監修

目次 1章 災害をまねく自然現象（地震，津波，火山噴火，豪雨，暴風，台風，豪雪，雷），2章 さまざまな自然災害（地震災害（一次災害），地震災害（二次災害），津波災害，火山災害，豪雨災害，強風災害，豪雪災害，高潮），3章 災害予防（中央防災会議，防災計画，広域防災拠点，耐震化，大規模地震対策，地震観測・震度観測，地震情報，防波堤，噴火予知，防災気象情報，治水，砂防，ハザードマップ，豪雪地帯，防災訓練，避難勧告と避難指示）

内容 よく使われる防災に関する58の用語を精選し、くわしく解説。上巻では、自然災害がおきる前のことにふれ、災害をまねく自然現象、さまざまな自然災害、災害予防に分けて、紹介します。

フレーベル館　2011.12　95p　29cm　4500円　Ⓝ369.3　Ⓘ978-4-577-03981-6

『58の用語でわかる！防災なるほど解説〔下巻〕（災害応急対策 災害復旧・復興 災害対策関係の法律）』

安全・安心な社会創造研究所監修

目次 1章 災害応急対策，2章 災害復旧・復興，3章 災害対策関係の法律，資料編

内容 よく使われる防災に関する58の用語を精選し，くわしく解説。下巻では、自然災害がおきた後のことにふれ、災害応急対策、災害復旧・復興、災害対策関係の法律に分けて、紹介します。

フレーベル館　2012.2　95p　29cm　4500円　Ⓝ369.3　Ⓘ978-4-577-03982-3

『こどもあんぜん図鑑』

講談社編，国崎信江監修

内容 小学校低学年の安全教育にぴったり！交通安全、生活安全、防災、防犯の4つのテーマをパーフェクトに網羅。豊富なイラストで、身の守り方や危険なポイントがわかりやすい。導入のおはなしで、生活のなかにひそむ危険が疑似体験できる。巻末の「おうちの方へ」では保護者にも役立つ情報をコンパクトに収録。

講談社　2015.2　128p　27cm　2500円　Ⓝ368.6　Ⓘ978-4-06-219304-7

『子どものぎもん事典 こんなとき、どうする？』

諸富祥彦，今泉忠明，国崎信江監修

目次 第1章 こころ・からだ編（マンガ「こころってどこにある？」の巻，大人になりたくない！ほか），第2章 友だち・学校編（マンガ「子どもにもなやみはある！」の巻，友だちとケンカしちゃった！ほか），第3章 自然・生き物編（マンガ「なぜいろいろな生き物がいるの？」の巻，昆虫をさわれない！ほか），第4章 危機管理編（マンガ「地震だ！そのときどうする？」の巻，ひとりのときに大地震が起きた！ほか）

金の星社　2017.9　127p　21cm　1100円　Ⓝ159.5　Ⓘ978-4-323-07393-4

『こどもぼうさい・あんぜん絵じてん』

渡邉正樹監修，三省堂編修所編

内容 じぶんのいのちは、じぶんのちからでまもる。防災・安全に関することばと知識を学びながら、自分で考え、自分の身を守る力をつける絵じてん！幼児から小学校低学年むけ。

三省堂　2018.9　151p　26cm　2400円　Ⓝ369.3　Ⓘ978-4-385-14333-0

『**日本防災ずかん〔1〕（自然災害・災害対策・減災・そなえ）**』

おおつかのりこ文，野上健治監修

目次 災害ってなに？，いま災害で失うもの，日本で自然災害が多いわけ，日本人と自然災害，災害の歴史を知る方法，科学と防災，環境の変化と災害，命と生活を守る

あかね書房　2024.1　47p　31cm　3300円　Ⓝ369.3
Ⓘ978-4-251-06721-0

『**日本防災ずかん〔2〕（地震・火山噴火・津波・人為災害）**』

おおつかのりこ文，野上健治監修

目次 地象が原因の災害，地震のおきるしくみ，地震のおきやすい場所，地震がもたらす被害，火山噴火のしくみ，火山噴火のおきやすい場所，火山噴火がもたらす被害，津波のおきるしくみ，津波のくるときを知る，津波がもたらす被害，人が原因の災害・事故

あかね書房　2024.1　47p　31cm　3300円　Ⓝ369.3
Ⓘ978-4-251-06722-7

『**日本防災ずかん〔3〕（大雨・台風・大雪・竜巻・獣害）**』

おおつかのりこ文，野上健治監修

目次 気象が原因の災害，大雨になるしくみ，大雨がもたらす被害，バクの形の鶴見川流域，やってみよう！手づくり雨量計で雨量をたしかめる，台風ができるしくみ，台風がもたらす被害，緑の防災 宮古島，やってみよう！天気図を読む，大雪になるしくみ，大雪になりやすい場所，大雪がもたらす被害，雪といっしょに 札幌市，高潮のおきるしくみ，雷のおきるしくみ，竜巻のおきるしくみ，猛暑になるしくみ，生き物がもたらす害

あかね書房　2024.1　47p　31cm　3300円　Ⓝ369.3
Ⓘ978-4-251-06723-4

『**日本防災ずかん〔4〕（自助・共助・公助・応急・支援）**』

野上健治監修，おおつかのりこ文

目次 災害 そなえて，のりきり，新しい生活へ，自助でそなえる，共助でそなえる，公助でそなえる，自助と共助で

のりきる，役立つ情報と害になる情報，公助でのりきる，支援物資，自助、共助、
公助で新しい生活へ，被災地への応援，みんなの感想，読書案内

あかね書房　2024.3　47p　31cm　3300円　Ⓝ369.3
Ⓘ978-4-251-06724-1

『NEWマーク・記号の大百科〔6〕（環境や福祉、防災）〈改訂版〉』
太田幸夫監修

目次　環境のマークや記号（分別のためのマーク，ごみの分別に便利なマーク，
資源を大切に使うためのマーク ほか），福祉に関するマークや記号（国際シン
ボルマーク，耳からの情報、目からの情報のためのマーク，手話・指文字・点
字 ほか），防災のマークや記号（危険や安全を知らせる色や形，禁止・防火な
どを表す赤いマーク，注意をうながすための黄色いマーク ほか）

学研プラス　2020.2　47p　27cm　2800円　Ⓝ727　Ⓘ978-4-05-501319-2

『防災サバイバル図鑑』
国崎信江監修

目次　第1章 災害の種類と被害（台風・集中豪雨について
知ろう，地震について知ろう，津波について知ろう ほか），
第2章 災害への準備と対策（台風・集中豪雨の情報を確認
しよう，風水害の状況を知ろう，台風・豪雨・雷からの
避難行動 ほか），第3章 災害時のサバイバルガイド（避難
所での生活と注意点，応急手当ての方法，生きるための
知恵・くふう ほか）

金の星社　2021.12　79p　29cm　4000円　Ⓝ369.3
Ⓘ978-4-323-07496-2

『防災のサバイバル─クイズでわかる生き残り大作戦！:子ども版防災ハンドブック』

国崎信江，山本典生監修，韓賢東マンガ

内容　キミなら、どうする！？大雨で道路が水びたしになっ
たら？家で一人、る守番をしているときに大きなゆれが起
こったら？電車の中で大地震がきたら？ジオといっしょに
防災クイズにチャレンジサバイバル・ミッションをクリア
しよう！子ども版防災ハンドブック。

朝日新聞出版　2021.3　159p　21cm（かがくるBOOK　科学クイズ
サバイバルシリーズ）　960円　Ⓝ369.3　Ⓘ978-4-02-331945-5

『みんなの防災事典──災害へのそなえから避難生活まで』

山村武彦監修

目次 第1章 防災の基本を知っておこう（近年、日本で起こったおもな自然災害，気象情報に注意しよう，災害が起こったときの心がまえ），第2章 これだけは知っておきたい！災害から身を守る方法（地震について知っておこう，地震が起こったら、まず何をする？，津波から身を守るには？ ほか），第3章 災害へのそなえを実践しよう（災害はいつでも起こる，災害にそなえて話しあおう，災害にそなえて準備すべきもの ほか）

PHP研究所　2015.6　63p　29cm（楽しい調べ学習シリーズ）　3000円　Ⓝ369.3
Ⓘ978-4-569-78471-7

◇防災グッズ

『遊びで防災体験──工夫して生活する29のアイデア〔2〕（サバイバルグッズ＆クッキング）〈図書館版〉』

神谷明宏

目次 1 かんたん料理と手づくりグッズ（ご飯をたいてみよう，紙袋で目玉焼き，牛乳パックでホットドッグ，画用紙のなべでみそ汁づくり，牛乳パックのスプーン ほか），2 かんたん工作ふれあい人形（折り紙のペンギン指人形，ふうとうでつくる動物人形，紙コップ人形，紙コップのパクパク人形，くつしたのヘビ人形 ほか）

いかだ社　2022.4　47p　27cm　2300円　Ⓝ369.3　Ⓘ978-4-87051-571-0

『こどものための防災教室 防災グッズがわかる本』

今泉マユ子著

内容 地震や水害、大雪、噴火など、さまざまな災害を生きのびるためには、そなえが大切。避難時に身を守るためのグッズから、水・トイレ・衛生用品など生活に必要な日用品のそなえかたまで紹介する

理論社　2021.7　111p　26cm　1400円　Ⓝ369.3
Ⓘ978-4-652-20440-5

『自分でつくっちゃおう！かんたん手づくり防災グッズ〔1〕（準備編）』
木原実監修

目次 キッチンペーパーのマスク，新聞紙とダンボール板のスリッパ，ゴミ袋の
レインポンチョ，トイカプセルのLEDヘッドライト，パラコードのブレスレッ
ト，ぬわない手ぬぐいポシェット，ペットボトルのほうきとちりとり，新聞紙
の皿，牛乳パックのスプーンと皿，アルミ缶でつくるコンロ，ペットボトルじゃ
口，ペットボトルろか器，キッチンペーパーの紙石けん，アロマオイルの石けん，
食用油でつくるキャンドル，ダンボールのイス

日本図書センター　2022.9　47p　27cm　3000円　Ⓝ369.3　Ⓘ978-4-284-00116-8

『自分でつくっちゃおう！かんたん手づくり防災グッズ〔2〕（緊急編）』
木原実監修

目次 ペットボトルのランタン，牛乳パックのホイッスル，ズボンでつくるリュッ
クサック，ボウルでつくるヘルメット，ダンボールの非常用トイレ，ブルーシー
トの寝袋，じゃがりこのいももち，えびせんのトマトスープ，ツナ缶のランプ，
新聞紙でつくるクッション，単3電池でつくる単1電池，ペットボトルシャワー，
コーヒーフィルターの消臭剤，牛乳パックのうちわ，新聞紙でつくる手さげ，
ダンボールのパーテーション，ダンボールのベッド

日本図書センター　2022.9　47p　27cm　3000円　Ⓝ369.3　Ⓘ978-4-284-00117-5

『自分でつくっちゃおう！かんたん手づくり防災グッズ〔3〕（テクニック編）』
木原実監修

目次 伝言をガムテープに書いてはろう，毛布を使って担架をつくろう，ペット
ボトルをうきわ代わりにしよう，けがをして血が出たら手ぬぐいで止血しよう，
ラップを使って三角巾をつくろう，リュックサックで水を運ぶ方法，缶切りな
しで缶詰をあける方法，新聞紙を薪として使おう，ポリ袋でごはんを炊いてみ
よう，ラップを使って食器洗いを減らそう，水でカップ麺をつくろう，ベビー
パウダーをドライシャンプーにしよう，歯ブラシを使わずに歯をみがく方法，
新聞紙の腹巻きをつくろう，ペットボトルで即席湯たんぽをつくろう，ポリ袋
を使って節水洗たくしよう

日本図書センター　2022.9　47p　27cm　3000円　Ⓝ369.3　Ⓘ978-4-284-00118-2

『つくって役立つ！防災工作』

プラス・アーツ監修

目次 1章 水が使えないときに役立つ工作（水（水道）が使えなくなったらどうなる？，紙で食器を作ろう！ ほか），2章 電気が使えないときに役立つ工作（電気が使えなくなったらどうなる？，懐中電灯とポリぶくろでランタンを作ろう！ ほか），3章 ガスが使えないときに役立つ工作（ガスが使えなくなったらどうなる？，空き缶でコンロを作ろう！ ほか），4章 避難所でのくらしを考える（避難所ではどんなくらしをする？，キッチンペーパーやハンカチでマスクを作ろう！ ほか）

Gakken　2021.2　79p　29cm　4200円　Ⓝ369.3　Ⓘ978-4-05-501343-7

『ぼうさいバッグのちいさなポケット』

たかますあやか原案，twotwotwo作・絵

内容 大きな災害に備えて必要なものはなんだろう？ 家族で一緒に考えて、防災バッグをつくろう！防災100年えほんプロジェクトがおくる、お子さまの視点で描いた「はじめての そな・えほん」備えチェックリストつき。

防災100年えほんプロジェクト実行委員会　2024.3　1冊　27cm　Ⓝ369.3
Ⓘ978-4-343-01227-2

『防災ハンドメイド―100均グッズで作れちゃう！:保存版』

辻直美著

内容 湯たんぽ、新聞ぐつ、ボトルシャワー、ペットボトルのお皿など衣・食・住グッズが工作できる！作って楽しい♪そなえて安心！防災グッズ39。どんな災害で役に立つかひと目でわかる地震・水害マーク付き！

KADOKAWA　2021.6　135p　21cm　1300円　Ⓝ369.3　Ⓘ978-4-04-111415-5

◇防災のためのまちづくり

『ＳＤＧｓおはなし絵本　３ゆたかさ　エネルギー／働きがいと経済成長／産業と技術革新／人や国の不平等／まちづくり』

松葉口玲子監修

目次 目ひょう7 エネルギーをみんなにそしてクリーンに（せかい中の人に電気を―太陽の光で電気がつくれる？，

くわしく エネルギーをみんなにそしてクリーンに），目ひょう8 働きがいも経済成長も（はたらきがいってなんだろう―どんなだんご工場がいい？，くわしく やりがいをもってはたらきはってんする社会に），目ひょう9 産業と技術革新の基盤をつくろう（新しいぎじゅつとさいがいに強いまち―みらいのまちへ，くわしく さいがいに強いインフラと新たなぎじゅつをつくろう），目ひょう10 人や国の不平等をなくそう（びょうどうでいること、たすけ合うこと―ライオンの国ねこの国，くわしく みんながびょうどうな社会にしよう），目ひょう11 住み続けられるまちづくりを（すみやすいまちってどんなまち？―まちをたんけん！，くわしく すみつづけられるまちづくりを）

Gakken 2022.2 47p 27×22cm 2500円 Ⓝ519 Ⓘ978-4-05-501372-7

『エネルギーってなくなるの！？エネルギー／まちづくり／防災／平和』

蟹江憲史監修

目次 1章 エネルギーをみんなにそしてクリーンに（未来を決めるエネルギーの使い方，未来のエネルギー不足と対策 ほか），2章 住み続けられるまちづくりを（快適にくらせる強いまちをつくる，災害からくらしを守る ほか），3章 平和と公正をすべての人に（平和にくらせる社会を目指して，世界の紛争をゼロに ほか），4章 平和について考える（平和な社会は世界の協力でつくられる，子どもの保護と支援 ほか）

金の星社 2021.3 93p 25×20cm（マンガで学ぶSDGs） 3200円
Ⓝ519 Ⓘ978-4-323-06253-2

『持続可能なまちづくり〔2〕（災害からまちを守る）』

唐木清志監修

目次 日本にはどんな自然災害がある？，地震・津波に対するまちの対策は？，大雨・洪水に対するまちの対策は？，土砂災害に対するまちの対策は？，災害の情報はだれが発信している？，災害が起きたらどうすればいい？，災害が起きる前にできることは？，解説，持続可能なまちづくりのためのワークシート 災害からまちを守る

岩崎書店 2023.2 44p 29cm 3000円 Ⓝ518.8
Ⓘ978-4-265-09123-2

『社会にドキリ！─世の中のしくみとつながろう〔3〕（地域の課題とわたしたち）』

NHK「社会にドキリ」制作班編，澤井陽介監修

目次 1「社会保障」とつながろう（「社会保障」ってどんなもの？，「子育て支援」って何をしているの？，子育て支援施設をつくるにはどのくらいお金がかかるの？，地域のお金ってどうやってやりくりしているの？，新しい支援が必要なときはどうするの？，社会福祉にはほかにどんな取り組みがあるの？，これからの社会保障のお金って大丈夫なの？，【フカボリ】税金の種類），2「地域活性化」とつながろう（日本の「人口問題」ってどんなもの？，人口が減るとどうなるの？，どんな対策が行われているの？，地域がもっと元気になる方法って？），3「災害復興」とつながろう（大地震によって、どんな被害が起こるの？，復興ってどんなことをしているの？，震災後の防災対策はどうしたの？，復興後、まちはどんなふうに変わっていくの？）

NHK出版　2022.10　31p　31cm（NHK for School）　3000円　Ⓝ375.312
Ⓘ978-4-14-081914-2

『13歳から考えるまちづくり』

岡田知弘監修

目次 第1部 防災・環境とまちづくり（地方自治ってなに？，防災とまちづくり，環境とまちづくり），第2部 少子高齢化とまちづくり（少子化とまちづくり，高齢化とまちづくり），第3部 地域経済とまちづくり（農業とまちづくり，観光とまちづくり，いろいろなまちづくり）

かもがわ出版　2023.10　159p　21cm　1600円　Ⓝ318　Ⓘ978-4-7803-1294-2

『調べよう！わたしたちのまちの施設〔7〕（防災センター）』

新宅直人指導

目次 1 防災センターってどんなところ？（防災センターのやくわり，防災センターのある場所，災害の歴史と防災センター ほか），2 防災センターに行ってみよう（防災センターを調べよう！，まちでおこる災害を学ぶ，自分の身を守る体験をする ほか），3 まちの防災を見てみよう（ひなんする場所をさがそう！，ひなん所を調べよう！，まちの人たちと防災・減災）

小峰書店　2020.4　38p　29cm　2800円　Ⓝ318
Ⓘ978-4-338-33207-1

『しりたいな全国のまちづくり〔1〕（防災・環境とまちづくり）』

岡田知弘監修，本堂やよい，八木絹執筆

目次 1 地方自治ってなに？（地方自治ってなに？，地方自治体ってなんだろう？，まちづくりの主役はだれ？），2 防災とまちづくり（防災とわたしたち，黒潮町・「日本一危険な町」から、「防災日本一の町」へ，東京都・会社、学校と協力して帰宅困難者の対策を，名古屋市・大雨から住宅地を守ろう！），3 環境とまちづくり（環境問題とまちづくり，真庭市・山の木材をつかって、地産地消のエネルギーへ，豊岡市・天然記念物コウノトリとともに暮らす地域づくり）

かもがわ出版　2019.7　35p　27cm　2800円　Ⓝ318　Ⓘ978-4-7803-1032-0

『しりたいな全国のまちづくり〔2〕（少子高齢化とまちづくり）』

岡田知弘監修

目次 1 少子化とまちづくり（少子化問題ってなに？，海士町・弱点を強みに。離島の高校の挑戦，奈義町・町をあげて、子育てしやすい地域づくり，智頭町・町の山林をつかって「森のようちえん」をつくろう），2 高齢化とまちづくり（高齢化問題ってなに？，上勝町・「葉っぱ」でお年寄りの仕事づくり，栄村・豪雪と過疎の村でお年寄りの生活をささえよう，堺市茶山台団地・食堂をつくって高齢化する団地で助け合う）

かもがわ出版　2019.9　33p　27×22cm　2800円　Ⓝ318　Ⓘ978-4-7803-1033-7

『そうだったのか！まちのひみつ図鑑』

目次 道で見つけた！（どうろではっけん！この丸いものはなんだ！（マンホールのふた），こんどは長いはしらをはっけん！このはしらはなに！？（電柱）ほか），たてもので見つけた！（たてものではっけん！このみどりのマークはなに？（非常口マーク），エレベーターのよこではっけん！このぽつぽつはなに？（点字）ほか），えき・のりもので見つけた！（きゅうにあらわれたこの入り口はなんだ！（地下鉄入り口），えきではっけん！このきかいはなに？（自動改札機）ほか），ほかにも見つけた！まちのひみつ（学校の入り口ではっけん！このマークはなに？（避難所マーク），公園にいっぱい！なんでふたがならんでいるの？（災害用マンホールトイレ）ほか）

内容 まちを知ることでお散歩が学びにかわる！交通安全、社会インフラ、バリアフリー、SDGs…社会への興味が広がる図鑑！

チャイルド本社　2022.12　83p　28×22cm　1800円　Ⓝ518.8　Ⓘ978-4-8054-5441-1

『どうなってるの？税金の使われ方──道路・水道・防災ほか（くらしを作る）』

『税金の使われ方』編集委員会編著

目次 国があつかうお金のしくみ，景気対策なども税金のやくわり，くらしの基

礎を作る，道路や橋などを整備するための税金，河川を整備するための税金，上下水道を整備するための税金，公園を整備するための税金，港や空港を整備するための税金，鉄道を整備するための税金，まちづくりのための税金，農地を整備するための税金，廃棄物処理施設を整備するための税金，考えてみよう 何が問題なの？公共事業，日本の食料を守るための税金，エネルギーを確保するための税金，地球環境保護のための税金，災害の復旧や復興のための税金，考えてみよう なにが問題なの？復興予算，一般会計と特別会計

汐文社　2020.3　39p　26cm　2500円　Ⓝ345　Ⓘ978-4-8113-2658-0

『まちのナニコレ？図鑑』

内容　道にうまっている鉄の丸いものナニコレ！とこ屋さんの前でグルグル回るものナニコレ！！電柱の上の大きな丸い箱ナニコレ！！！まちにある「ふしぎなもの」には、わたしたちの生活や命を守るための大切な役割やはたらきがあります。まち探検で「ふしぎなもの」を見つけたら、この本で調べましょう。

小学館　2021.9　63p　27×19cm（キッズペディア）　1900円
Ⓝ510　Ⓘ978-4-09-221130-8

◇親子でまなぶ・考える防災

『いつ大災害が起きても家族で生き延びる』

小川光一著

目次　災害が起きる前に（災害心理を知ろう，災害に負けない空間を作る，大切な人とやってみよう！），災害が起きたときに（地震災害，津波災害，風水害，火山災害，雪害）

内容　防災のプロがどうしても伝えたい！たすかるための具体的な行動。家族、友人、恋人—大切な人を守る半径5メートルの防災手帖。

ワニブックス　2016.9　191p　19cm　1300円　Ⓝ369.3　Ⓘ978-4-8470-9486-6

『"今"からできる！日常防災』

永田宏和，ボーイスカウト日本連盟監修

内容　今から1週間、食料の買い出しをせずに生活できますか？突然、すべてのトイレが使えなくなったら、どこでどうやって用を足しますか？本書に、今か

らできる解決法が載っています。

池田書店　2019.4　159p　19cm　1100円　Ⓝ369.3　Ⓘ978-4-262-16036-8

『イラスト・図解でまるっとわかる！家族でそなえる防災・被災ハンドブック』

天野勢津子作・絵，矢守克也協力

目次 1「その日」に備える！被災してもなるべく快適に暮らしたい，2「その日」がきた！，3 被災時におけるからだとこころの健康管理，4 いのちをまもるための知識，5 被災後の暮らしとお金の話，6 教えて！矢守先生 防災心理学とクロスロード

内容 日本は世界的に見ても災害が多い国です。地震、津波、台風、集中豪雨、土砂崩れ、火山の噴火etc…もしもの時に役に立つ防災の知識や知恵をイラストやマンガを使って家族みんなが理解できるよう紹介しています！

イースト・プレス　2023.1　167p　19cm　1400円　Ⓝ369.3　Ⓘ978-4-7816-2157-9

『おうち避難のためのマンガ防災図鑑』

草野かおる著

内容 "停電時の便利アイテム""100均グッズで防災""断水時のトイレ仕様""感染予防と衛生対策""日常備蓄を非常食に"―自宅で避難する時代、コスパを意識したおサイフにやさしい防災対策で万全に！

飛鳥新社　2021.9　223p　19cm　1200円　Ⓝ369.3　Ⓘ978-4-86410-854-6

『親子でかんがえよう！防災クイズずかん』

桶田ゆかり監修

内容 「あ！じしんだ！」そんなとき、きみならどうする？さあ、この図鑑のクイズに答えて、防災を学ぼう！おうちの人や先生と一緒に、身を守る方法を考えて、身につけよう。子どもたちの大好きなクイズに答えながら、楽しく防災の知識を身につけることができます。絵探しや迷路で、災害時にどのようなことが起こるのかを、想像しながら学べます。幼児でも使え、小学生になっても十分に役立つ内容です。

チャイルド本社　2020.12　121p　22cm　1400円　Ⓝ369.3　Ⓘ978-4-8054-5146-5

『親子で学ぶ自然災害から子どもの生命（いのち）を守る本』

山本光義著

内容 自然災害はどうして起こる！？しくみがわかれば、対策が見えてくる。本書は、気象災害を中心にしながら、自然災害からどのように身を守ればいいのかをまとめている。

メディアイランド　2015.4　219p　19cm　1400円　Ⓝ369.3
Ⓘ978-4-904678-54-1

『親子で学ぶ防災教室 災害食がわかる本〈新装版〉』
今泉マユ子著

内容　命をつなぐ水と食べ物、大人もこどももひとりひとりに合ったそなえを！家族に必要なそなえ、家族で決めておくこと、こどもになにが必要かくわしく解説します！

理論社　2019.6　111p　26cm　1400円　Ⓝ369.3
Ⓘ978-4-652-20313-2

『親子で学ぶ防災教室 防災グッズがわかる本〈新装版〉』
今泉マユ子著

目次　1時間目 防災グッズを知る 防災グッズってなに？（災害にどうそなえる？，住んでいるのはどんな地形・気候の場所？ ほか），2時間目 避難に必要なそなえ きほんの防災グッズ（なにが必要か想像しよう，きほんの防災グッズ ほか），3時間目 災害後を生きのびる 水・食事・トイレのそなえ（飲み水と生活用水，給水容器をそなえよう）ほか）

理論社　2021.7　111p　26cm　1400円　Ⓝ369.3　Ⓘ978-4-652-20440-5

『親子で学ぶ防災教室 身の守りかたがわかる本〈新装版〉』
今泉マユ子著

内容　災害のその瞬間、命を守る行動をとっさにとれますか？災害時なにが危険か、地震直後にすること、安全な避難のしかた、くわしく解説します！

理論社　2019.6　111p　26cm　1400円　Ⓝ369.3
Ⓘ978-4-652-20314-9

『親子のための地震イツモノート—キモチの防災マニュアル』
地震イツモプロジェクト編，寄藤文平絵

内容　地震がおこる可能性は、モシモではなくイツモ。イツモしていることが、モシモのときに役立つあたらしい地震へのそなえかた。10万部突破の『地震イツモノート』子ども版。

ポプラ社　2011.8　1冊　22cm　1200円　Ⓝ369.31　Ⓘ978-4-591-12556-4

『キャンプ気分ではじめる おうち防災チャレンジBOOK』

鈴木みき著

目次 1章 おうち防災チャレンジのススメ（「おうち防災」してみませんか？，「おうち防災チャレンジ」の楽しみ方），2章 やってみよう！おうち防災チャレンジ（インスタント食品の並べ替え，冷蔵庫のお掃除，献立の組み立て，ごはんをつくろう1 水量限定クッキング ほか），3章 もしも！に備えるおうち外避難の心得（災害・防災用語，警戒レベル，おうち外避難用リスト，おうちから避難するときのToDo ほか）

エクスナレッジ　2023.3　127p　21cm　1500円　Ⓝ369.3　Ⓘ978-4-7678-3086-5

『緊急！池上彰と考える巨大地震—その時命を守るために…』

池上彰，「緊急！池上彰と考える巨大地震」スタッフ著

目次 1 その時命を守るために—地震に備えてやるべきこと（巨大地震はいつ発生するか？—いつ起きても、おかしくない，地震速報を正しく読む—何をどう読み、どう判断するか？ ほか），2 巨大地震はどのように起きるか—正しく理解し、正しく備えるために（世界の大きな地震の約2割が日本周辺で起きている！—日本列島はいま「地震活動期」，なぜ日本には地震が多いのか？—原因はプレートの活動にあった！ ほか），3 いま、私たちにできること—被害をできる限り減らすために（自分の地域に通る活断層の存在を知ろう—日本列島には2千もの活断層が走っている！，自分の家を守るために—土地・地盤を知ろう ほか），特別付録 緊急ハザードメモ（地震に備えて10の心得，地震、その時10の行動 ほか）

海竜社　2013.9　117p　26cm　952円　Ⓝ369.31　Ⓘ978-4-7593-1328-4

『警視庁災害対策課ツイッター 防災ヒント110』

日本経済新聞出版社編

内容 もしものときの便利技、今すぐ役立つ豆知識。ハサミがないときの袋の開け方、ペットボトルでカンタン室内灯、水でもできるカップ麺、重い荷物が軽くなる、マスクをつけてもメガネが曇らない…プロ集団のノウハウ満載！

日本経済新聞出版社　2019.8　166p　19cm　900円　Ⓝ369.3　Ⓘ978-4-532-17672-3

『決定版 巨大地震から子どもを守る50の方法』

国崎信江，地震から子どもを守る会著

内容 まちがえがちな避難行動、子どもに言ってきかせたいこと、地震に強い自宅をつくる、耐震化助成を受けるには、地震保険加入のポイント、1カ月自力

で生きる備蓄…etc.今すぐ役立つ防災情報満載。ひと目でわかるイラスト解説。
40人のわたしの被災体験。

ブロンズ新社　2012.3　159p　21cm　1300円　Ⓝ369.31　Ⓘ978-4-89309-543-5

『これ1冊でできる！わが家の防災マニュアル』

国崎信江著

目次 第1章 まずは防災マニュアルをつくろう（さぁ、防災のことを話しましょう，家族との連絡方法を確認しましょう ほか），第2章 地震後、家族を守るための10のコツ（グラッときたらこうしよう，家族を守るには ほか），第3章 家族を守るために、日常できる10の備え（避難生活で意外と役立つもの，疎開について考える ほか），附録1 地震以外の自然災害から家族を守る，附録2 携帯やパソコンでの災害時情報収集

内容 10項目でわが家のオリジナルマニュアルをつくり、災害時に家族を守る10のコツを学び、そのために必要な10の備えを知る。この1冊でわが家の防災が始まる。

明治書院　2011.8　114p　19cm（学びやぶっく）1200円　Ⓝ369.31　Ⓘ978-4-625-68469-2

『これだけは押さえておきたい マンガで楽しくわかる防災BOOK』

国崎信江監修，松本久志漫画

目次 1 地震の揺れに備える，2 地震に遭遇したときは（家の中編），3 地震に遭遇したときは（家の外編），4 台風・大雨に備える，5 さまざまな災害に備える，6 避難所で過ごすさいの心得，7 知っておきたい応急手当と被災時のお金のこと

家の光協会　2021.2　142p　21cm　1200円　Ⓝ369.3　Ⓘ978-4-259-56678-4

『こんなときどうする！？』

坂本真理作，二口敦子絵

内容 お家にいるとき、地震がおこったら…道をあるいているとき、地震がおこったら…海の近くで地震がおこったら…お子さんと一緒に考えましょう。

風詠社　2016.1　23p　22cm

『こんな時どうする？子ども防災BOOK―親子でできる「準備」と「備え」がまるわかり！』

警視庁警備部災害対策課，東京臨海広域防災公園そなエリア東京，国崎信江取材協力

目次 1章 地しんについて知ろう（地しんが起こる仕組み，過去に起こった地しんを知ろう，これから起こるかもしれない地しんとは），2章 地しんが起こる前にすること（日ごろから意識しよう，家族で確認しておこう，部屋の安全対策をしよう，非常用持ち出しぶくろを用意しよう），3章 地しんが起こったときはこうしよう（地しん発生！まず必要な行動は？，家にいたらどうする？，家にいない時はどうする？），4章 地しんが収まったらすぐすること（地しんの後はどうする？，家族と無事に会うために，火事が起こったら，つ波や土砂災害をさけるために），5章 地しんの後のひ難の仕方（ひ難の流れを知ろう，自分の家で暮らす時は，ひ難所で暮らす時は，ペットを連れてひ難する，気持ちよく過ごすヒント，エピローグ─地しんの後を生きる），巻末 作ってみよう いざという時に役立つよ！

主婦と生活社　2024.5　79p　21cm　1091円　Ⓝ369.31　Ⓘ978-4-391-16217-2

『災害からみる防災・減災Q&A』

藤田嘉美著

目次 1章 災害を知ろう，2章 火災の怖さ，3章 地震の恐ろしさ，4章 津波・洪水の危険を知ろう，5章 火山・原子力・隕石などの被害，6章 これからの減災

内容 火災、地震、津波・洪水、火山・原子力・隕石などについて、防災・減災のために知っておきたいことを解説する。東京都心での直下型地震を想定した対応方法など最新の研究成果も網羅。

オーム社　2011.8　154p　19cm　1500円　Ⓝ369.3　Ⓘ978-4-274-21077-8

『地震の夜にできること。』

松本春野文・絵

内容 大震災以降、不安を抱えるすべての子どもたちとお父さん、お母さんに贈る優しい絵本。子どもの不安とどう向き合えばいいのだろう？育児学のスペシャリスト・汐見稔幸氏（白梅学園大学学長）による特別コラム掲載。

角川書店　2011.8　1冊　22cm　Ⓘ978-4-04-874237-5

『消防レスキュー隊員が教えるだれでもできる防災事典』

タイチョー著，みぞぐちともやイラスト

目次 1章 もしものときに備えよう（地震の揺れを感じたら、すぐに「安全区域」に避難が大事！、逃げ遅れないように「ハザードマップ」と「防災マップ」を見ておこう ほか），2章 自然災害への対処（地震が発生したときは、「打たない」「切らない」「挟まれない」、津波が起きたときは、「遠く」に避難よりも「高く」に避難しよう ほか），3章 日常で起こりうる事故・災害・トラブルへの対処（火

災のときは、「煙の動き」を理解して「常に低い姿勢」で避難しよう，「戸建て住宅」の場合は、「投げる」「降下する」で緊急避難しよう ほか），4章 予測不能の人災・対人トラブルへの対処（ミサイルが発射されたとき―外国から「ミサイル」が発射されたら、「爆風」「破片」「粉じん」から急いで身を守ろう，ナイフで刺されたとき―「ナイフ」で刺された人がいたときは、「通報」してから「抜かず」に「固定」しよう ほか）

KADOKAWA　2022.8　143p　19cm　1300円　Ⓝ369.3　Ⓘ978-4-04-605883-6

『震災から身を守る52の方法―大震災・火災・津波に備える』

レスキューナウ編，目黒公郎監修，東京いのちのポータルサイト協力

内容 家族みんなで知っておきたい「もしものとき」の新常識。日本唯一の危機管理のプロフェッショナル集団がすぐに役に立つノウハウを紹介。

アスコム　2011.4　157p　21cm　800円　Ⓝ369.31　Ⓘ978-4-7762-0670-5

『全災害対応！子連れ防災BOOK―1223人の被災ママパパと作りました』

ママプラグ著

内容 地震、台風、大雨、洪水、大雪…日本に住む限り、避けられない自然災害。家族バラバラで地震に遭ったら？真夜中の豪雨にどう備える？被災したママパパに学ぶ、体験ベースの防災実践！

祥伝社　2019.3　143p　21cm　1300円　Ⓝ369.31　Ⓘ978-4-396-61681-6

『そのときどうする―防災サバイバル読本 第6版』

日本防火・防災協会編

目次 地震編（地震発生！そのときどうする？，地震発生！その後どうする？ ほか），火災編（火災発生！そのときどうする？，火災発生！その後どうする？ ほか），風水害編（風水害！そのときどうする？，風水害に備えて），救急編（けが人・急病人発生！そのときどうする？，身近な事故に備えて）

東京法令出版　2016.12　121p　21cm　700円　Ⓝ369.31　Ⓘ978-4-8090-2420-7

『72時間生きぬくための101の方法―子どものための防災BOOK〈改訂版〉』

夏緑著，たかおかゆみこ絵

目次 災害が起こったらどうする？地震や豪雨などの災害から身を守るための101の方法を、時間軸にそって紹介します。子どもにもわかりやすい説明に加

えて、自分で考えたい読者のための科学的解説もプラス。災害が起こってから
だけではなく、その前にできること、また雷や熱中症、水難事故や駅での事故
についても紹介しています。ロングセラーを、近年の災害の知見を取り入れて、
章立ても改めた、全面改訂版。判型やデザイン、写真も一新し、解説図版もプ
ラスして、読みやすく、情報も充実した、必携の一冊です。

童心社　2024.9　136p　27cm　5400円　Ⓝ369.3　Ⓘ978-4-494-01891-8

『プロの防災ヒント180 警視庁災害対策課ツイッター』

日本経済新聞出版編

目次 第1章 もしものときの豆知識，第2章「緊急事態」のヒント集，第3章「停電・
断水」のヒント集，第4章「地震・風水害」のヒント集，第5章「山・海の災害」
のヒント集，第6章「備蓄品・非常用持ち出し袋」のヒント集，第7章「避難・
避難所生活」のヒント集，第8章 もしもに役立つ「非常用持ち出し」にひと工夫

日経BP／日本経済新聞出版，日経BPマーケティング〔発売〕　2023.3　222p　19cm
1200円　Ⓝ369.3　Ⓘ978-4-296-11739-0

『防災イツモマニュアル』

防災イツモプロジェクト編，寄藤文平絵，プラス・アーツ監修

内容「イツモ」できることが詰まった。日本で暮らすということは、災害と一
緒に生きていくということ。まず、ひとつだけでも始めてみよう。本当に役立
つ防災マニュアル。

ポプラ社　2020.8　140p　18×13cm　1200円　Ⓝ369.3　Ⓘ978-4-591-16735-9

『BOSAIカードX─カードで学ぶ栄養×防災』

伊藤智，前田緑，舩木伸江著

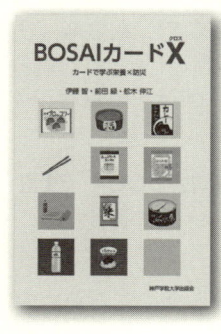

目次 第1章 災害時の食と栄養（私たちの生活と災害，災害
時の避難所，災害時の栄養・食料問題 ほか），第2章 災害
時の備蓄と調理（災害時のひと手間調理，ローリングストッ
ク法，ポリ袋調理 ほか），第3章「BOSAIカードX」の活用
法（「BOSAIカードX」について，「BOSAIカードX」の使
い方），第4章 BOSAIカードX 付録:災害時に役立つ情報が
描かれている食材などの教材カード72枚付き

神戸学院大学出版会，（神戸）エピック〔発売〕　2022.3　77p
19cm　1800円　Ⓝ369.3　Ⓘ978-4-89985-223-0

『防災クエスト―家族みんなで防災ミッションを攻略しよう！』

辻直美著，エイイチ絵

内容 本書は、子育て家族のための防災の本です。防災を
RPG（ロールプレイングゲーム）に見立て、家族みんなで
楽しみながら防災スキルを身につけられる構成になってい
ます。

小学館クリエイティブ，小学館〔発売〕 2021.3 103p 21cm
1200円 Ⓝ369.3 Ⓘ978-4-7780-3562-4

『「もしも」に役立つ！おやこで防災力アップ』

今泉マユ子著

目次 1 そのとき、どうする？（どうして防災シミュレーションが必要なの？―
いつもお母さんが、そばにいるとはかぎりません！），2「もしも」のときって、
どんなとき？（「もしも」のときって、どんなとき？、「もしも」のときの対策で、
最優先することは？），3 備えて安心（命を守るための対策をしましょう，生き
抜くための対策をしましょう），4 そのあと、どうする？（避難生活を少しでも
快適にするために），5 かんたん、時短「即食レシピ」（食も日頃の備えが必要です，
火も水も使わない「即食レシピ」―もむだけ調理 ほか）

内容 そのとき、どうする？そのあと、どうする？防災対策＆即食レシピ。備蓄
に最適・レトルト食品のアレンジレシピも掲載。

清流出版 2017.8 123p 21cm 1500円 Ⓝ369.3 Ⓘ978-4-86029-466-3

『もしものときに役立つわが家の防災ハンドブック』

山村武彦監修

目次 1 地震・津波（「思い込み」が被害を大きくする，場所別の対処法，やって
はいけないNG行動 ほか），2 台風・大雨・大雪・火山（台風・大雨への備え，台風・
大雨での避難，ゲリラ豪雨への備え ほか），3 もしものときの生き残り術（救命・
応急処置法，身近なものの活用法）

家の光協会 2016.6 79p 26cm 1200円 Ⓝ369.3 Ⓘ978-4-259-56507-7

『4コマですぐわかる新みんなの防災ハンドブック』

草野かおる著

目次 第1章 災害に備える，第2章 災害発生！何をすればいいの？，第3章 被災
そのあと，第4章 非常時を乗り切るアイディア，第5章 非常時の衛生とメンタ
ルケア，第6章 避難生活と復興，第7章 お金のことと被災地支援

ディスカヴァー・トゥエンティワン　2019.2　258p　19×15cm　1300円　Ⓝ369.3
Ⓘ978-4-7993-2435-6

◇サバイバル

『生き抜く力を身につけよう 沖縄ターザンの冒険ずかん』

Kidzy著

内容 自然はぼくたちの先生だ！突如現れたお茶の間の人気者！キジー、初の本。アリを観察すると、天気が読める。溺れてしまったら、口だけ海面に出すべし。耳まで水につかると、癒される。……ほか、ターザンの知恵47。

幻冬舎　2024.4　127p　21cm　1200円　Ⓝ786　Ⓘ978-4-344-04254-4

『大人も知らない？サバイバル防災事典』

サバイバル防災研究会編，森のくじらイラスト，国崎信江監修

内容 地震・台風などの自然災害やアウトドアレジャー、日常におけるピンチを想定した、子ども自らが生き残るためのさまざまなサバイバル技術を紹介する一冊。親子で読めば、なお安心です。

マイクロマガジン社　2023.3　127p　19cm　1000円　Ⓝ369.3　Ⓘ978-4-86716-399-3

『科学漫画サバイバルシリーズ 異常気象のサバイバル〔1〕』

ゴムドリco.文，韓賢東絵

目次 海での出会い，ホワイトスコール，不思議な玉，異常高温，熱中症の危険，ブナ科樹木萎凋病，大気の攻撃，洞窟からの転落，異常気象の空間，鉄砲水，土石流

内容 ウイルスから世界を救ったご褒美にクルーズ旅行のチケットをもらったジオ。海の上で突然ホワイトスコールに遭って、お嬢様チェリストのドンギョンと冷静沈着な少年ケンジと共に不思議な空間に飛ばされてしまう。人間には耐え難い暑さと湿度の気候、大気の温度が上がって起こる落雷の攻撃、気候の変化による生態系の破壊、荒廃する土壌で突発的に起こる洪水など、恐ろしい現象が3人に襲いかかる…。次第に温暖化していく地球で起こる異常気象の恐怖。不思議な空間で大冒険が始まる。

朝日新聞出版　2010.4　163p　23×17cm　（かがくるBOOK）　1200円　Ⓝ451
Ⓘ978-4-02-330802-2

『科学漫画サバイバルシリーズ 異常気象のサバイバル〔2〕』

ゴムドリco.文，韓賢東絵

目次 川を渡る，憂うつな洞窟，サバイバルノート，川に沿って，砂の嵐，乾燥地帯，干上がった川，海の危機，脱出への挑戦，熱帯低気圧，生還へ

内容 やっとのことで土石流から逃れ、どうしたら助かるかを考えるジオとケンジ。一方、ドンギョンは大切にしてきたチェロを失って、生きる気力さえなくしてしまう…。異常なほどの暑さと落雷、突発的な洪水に続いて、黄砂の砂嵐、山火事、干ばつや海の生態系の破壊が襲いかかる異常気象の空間！予測不能な危険の中、温暖化によって変化した未来の地球を体験するジオ、ドンギョン、ケンジの大冒険が続く。

朝日新聞出版　2010.7　176p　23×17cm（かがくるBOOK）　1200円　Ⓝ451
Ⓘ978-4-02-330824-4

『科学漫画サバイバルシリーズ 海のサバイバル』

洪在徹文，鄭俊圭絵，李ソラ訳

目次 ボート旅行，ダメダメ船長，船が沈んじゃう！，救命ボート，地獄の船酔い，強烈な太陽，水がなくなった！，水が飲みたい！，魚捕獲大作戦，海のゴミ，サメの襲撃，恐怖の海，うれしい雨，ウミガメを捕まえる，悪天候に見舞われる，九死に一生を得る，救助信号をあげろ

内容 照りつける太陽、のどの渇きと飢え。人喰いザメが出没する海で繰り広げられる漂流日記！ドゥリとリナはお父さんと一緒にマリアナ海溝へボートで出かけるも、海で漂流することに。飲み水までなくなり、絶望の中であえぐ彼らを血に飢えたサメが襲撃してくるのだが…。

朝日新聞出版　2009.7　171p　23×17cm（かがくるBOOK）　1200円　Ⓝ557.8
Ⓘ978-4-02-330442-0

『科学漫画サバイバルシリーズ 大雪のサバイバル―生き残り作戦』

ポドアルチング文，韓賢東絵，［HANA韓国語教育研究会］［訳］

目次 1章 ホワイトアウト，2章 ピンチに陥ったチョウ先輩，3章 白雪ロッジ，4章 連絡が途絶えたペク隊長，5章 止まってしまったスノーモービル，6章 命を守る雪洞，7章 再会

した人たち，8章 とめどなく降り続く雪

内容 一寸先も見えないホワイトアウト、危険だらけの大雪からサバイバルせよ！チョウ先輩が幹事のスキー旅行に参加することになったジオとケイ！彼らの目的地は人里離れた場所にある白雪ロッジ。ところが急な大雪で車を動かせなくなり、三人はロッジまで歩いて向かおうとするが…。激しい吹雪とホワイトアウトの「大雪の世界」で、彼らは果たして無事でいられるのか？

朝日新聞出版　2023.2　155p　23cm（かがくるBOOK）　1200円　Ⓝ369.3
Ⓘ978-4-02-332223-3

『科学漫画サバイバルシリーズ 火災のサバイバル』

スウィートファクトリー文，韓賢東絵

目次 1章 怪しいサングラスの男，2章 緊急事態、火災発生！，3章 煙から逃れる方法，4章 ヒーローの真実，5章 危険な非常口，6章 救難信号を送れ！，7章 ビル風の脅威，8章 止まれ、倒れろ、転がれ？，9章 サバイバルマンの贈り物

内容 高層ビルで、偶然火災現場を目撃したジオ。周囲の人々と慌てて対応に当たるが、初期消火に失敗し火はすぐに燃え広がり始めてしまう。しかし、ビルにいた人々は火災警報をただのイベントと勘違いしていて…。炎と煙の中に閉じ込められたジオたちは、無事に脱出することができるのか？

朝日新聞出版　2016.11　127p　23×17cm（かがくるBOOK）　1200円　Ⓝ369.32
Ⓘ978-4-02-331528-0

『科学漫画サバイバルシリーズ 火山のサバイバル』

洪在徹文，鄭俊圭絵

目次 火山探査旅行，バードストライク，蚊との戦い，仕掛け網を作ろう，周辺の偵察，不吉な兆候，緊急避難，マグマ噴出，恐ろしい火山泥流，火山大爆発，パン皮爆弾，マグマに囲まれる，死の湖を渡って，吹き上がる火山灰，恐怖の火砕流，ヘリコプターとの遭遇

内容 ドカン！地獄の炎のように熱い火山で新しい冒険が始まる！大地を揺らす火山の噴火とともに、空は死の灰で覆い尽くされる。世界の全てを燃やす勢いのマグマが、ドゥリ一行に迫ってくるのだが…。

朝日新聞出版　2009.10　171p　23×17cm　1200円　Ⓝ453.8　Ⓘ978-4-02-330457-4

『科学漫画サバイバルシリーズ　巨大地震のサバイバル』

洪在徹原案，もとじろう絵，大木聖子監修

目次　火山島の防災パーク，地震体験シミュレーション，今度は本当の地震！，不気味な報知音，超巨大地震が来たっ！，カイト発見！，津波が襲ってくる！？，何度も襲う津波，津波からの脱出，山の中の廃屋，キュリががれきの下敷きに！！，キュリを救出せよ！，巨大地震の夜，違和感のある余震，メインタワーの火災，届け！SOS

内容　無人の火山島にできた防災パークに招待され，大はしゃぎのダイヤ，マーレ，キュリの3人。ところがそこに，本物の巨大地震が発生する。たまたま防災パークの外にいたダイヤたちは、パークにつながる橋が崩れて戻れなくなる。地震による地割れ、液状化現象、津波の恐怖、余震による土砂災害と建物の倒壊…。3人は巨大地震をサバイバルにできるのか？

朝日新聞出版　2024.2　191p　23cm（かがくるBOOK）　1200円　Ⓝ369.31
Ⓘ978-4-02-332319-3

『科学漫画サバイバルシリーズ　台風のサバイバル』

洪在徹文，鄭俊圭絵

目次　島々の国、フィリピン，台風接近，緊急避難，押し寄せる高潮，浸水した村，続く危機，倒れる電柱，恐怖の雷，台風の目，避難所までの道，必死の救助サイン，恐怖の水爆弾，急流に飲み込まれる，救助の手

内容　吹きまくる強風と数十メートルにも及ぶ津波が海岸付近の町を襲う。史上初のスーパー台風の中で生残れ！叔父さんとルイ、そしてユジンはヒマラヤでの悪夢を忘れてフィリピンで平和なひとときを過ごしている。ルイとユジンは釣り船の船長でありガイドであるロティ、サビナ兄妹と一緒に海釣りに出かける。しかし、だんだん強くなる風と高くなる波に台風が近づいていることを察知したロティは急いで避難することを決めるが、彼らの目の前に巨大な津波が迫ってくる。いくつもの危機を乗り越えて港に着いた子供たちを迎えたのは、何度も押し寄せてきた暴風津波によって被害を受け、ゴースト化してしまった村。頻繁に落ちる雷といつ発生してもおかしくない山崩れ。一寸先も予測できない台風の中で子供たちは、果たして無事に生残れるだろうか？

朝日新聞出版　2014.8　130p　23×17cm（かがくるBOOK）　1200円　Ⓝ451.5
Ⓘ978-4-02-331317-0

『科学漫画サバイバルシリーズ 竜巻のサバイバル』

リメ文，韓賢東絵

目次 1章 サバイバルの主人公は誰だ？，2章 怪しい雲，3章 雹が降って来た！，4章 バラバラになった小屋，5章 ツイスター博士の登場，6章 竜巻ハンター，7章 竜巻、タッチダウン！，8章 竜巻の中に！，9章 竜巻襲撃の危機，10章 ピピを救え！

内容 アメリカの大平原を横断中のピピは、先住民の少年アシューと出会う。やがて何事もなかった空は、突然雷が鳴り雹が降り始める。だが，本当に恐ろしいのはその後だった。突然現れた、超強力な竜巻！しかも、その進路は小さな町へ…。ピピとアシューは、竜巻の危機から人々を救えるのか？

朝日新聞出版 2014.1 174p 23×17cm（かがくるBOOK） 1200円 Ⓝ451.5
Ⓘ978-4-02-331263-0

『科学漫画サバイバルシリーズ 山火事のサバイバル〔1〕』

ポドアルチング文，韓賢東絵，[HANA韓国語教育研究会]［訳］

目次 1章 ノウ博士の心配のタネ，2章 パパラッチになったジオとケイ，3章 末っ子博士の二重生活，4章 危険なパーティー，5章 火がついた芝生，6章 不吉な予感，7章 山火事の封じ込め，8章 的を外した大放水

内容 乾燥した天気にひそむ山火事の危険！一瞬の不注意は果たしてどのような結果をもたらすのだろうか？ノウ博士から頼まれアメリカに飛び立ったジオとケイ。博士の妹を捜す任務を果たし、ビーチで休暇を楽しもうと思ったもののリッチ姉妹との出会いを皮切りに、計画はすべて吹っ飛んでしまう。事件は、リッチ姉妹のスペシャルパーティーから始まるのだが…。アメリカのカリフォルニア州で繰り広げられる災害サバイバルストーリー！

朝日新聞出版 2021.7 147p 23cm（かがくるBOOK） 1200円 Ⓝ369.32
Ⓘ978-4-02-331973-8

『科学漫画サバイバルシリーズ 山火事のサバイバル〔2〕』

ポドアルチング文，韓賢東絵，HANA韓国語教育研究会訳

目次 1章 スモークジャンパーの登場，2章 強風に乗った山火事，3章 空から降ってきた灰，4章 ルーシーの救助信号，

5章 リッチ姉妹との危険な同行，6章 燃える電柱，7章 最後の防火線を構築せよ！，8章 リッチ姉妹の結末

内容 山火事の消火を手伝うために、スモークジャンパーのドクター・フォレストと山に入ったジオとケイ。しかし、山火事の消火作業はあまりに危険だった。結局2人は、スモークジャンパーたちに後を託して町に向かったが…。なんと、町には緊急避難命令が！四方を炎に囲まれた状況から、果たしてジオとケイは無事に脱出できるのか？

朝日新聞出版　2021.10　151p　23cm　（かがくるBOOK）　1200円　Ⓝ369.32
Ⓘ978-4-02-331974-5

『科学漫画サバイバルシリーズ 山のサバイバル』

洪在徹文，文情厚絵

目次 押し寄せる雨雲，飛行機墜落，山奥での遭難，山崩れが起きた，地形偵察，臨時の宿を作ろう，ヘビキラーお父さん，星が降り注ぐ夜，原始林で道に迷う，渓谷に定着，トラブルメーカーの狩人，山の中の食料，断崖で足を滑らす，狩りに成功，イノシシパーティー，虎の足跡，虎との遭遇，人の痕跡を発見，急流にのまれる，農民に出会う

内容 中国大陸を飛行中、突然の稲妻で墜落事故に遭ったモモたち。山の中に孤立した彼らには、飛行機爆発と山崩れが待っていた。山の地形を把握するため山頂へと向かうが、目の前にあるのは限りなく広がった山々だけだった…。

朝日新聞出版　2010.4　203p　23cm　（かがくるBOOK）　1200円　Ⓝ786.18
Ⓘ978-4-02-330803-9

『火山のクライシス』

金田達也まんが，三条和都ストーリー

内容 温泉街のとある小学校で出された自由研究。優香たちのグループは地元の火山を調べることに。そんななか、火山が大噴火して…。

小学館　2017.4　192p　22×16cm　（科学学習まんがクライシス・シリーズ）　1200円　Ⓝ453.8　Ⓘ978-4-09-296632-1
※本書は絶版図書のため、図書館等の蔵書を検索ください

『加藤英明スーパーサバイバル入門―生き残るための知恵！』

加藤英明著

内容 灼熱の砂漠から鬱蒼としたジャングル、無人島や孤島など野生動物を追って世界を巡る加藤英明が教えるサバイバルの極意！

新星出版社　2021.1　159p　21cm　1200円　Ⓝ369.3　Ⓘ978-4-405-07326-5

『危険から脱出せよ！こどもサバイバル─きみならどうする？脱出アクション28〔1〕（身近な危険）』

舟生岳夫監修

目次 1章 留守番中にひそむ危険（留守番ルールについて話しあう，留守番中のすごし方を想像し家族でルールを決める，留守番ルールを紙にまとめてはる ほか），2章 登下校にひそむ危険（登下校中におきる危険について知る，交通ルールを守る，だれかに声をかけられたらどうするか考える ほか），3章 あそびや外出先にひそむ危険（外出ルールについて話しあう，子どもだけで遠出をするときは家の人と計画を立てる，自転車と乗り方をチェックする ほか）

内容 サバイバル力を高めよう！「家族で留守番ルールを話しあう」「登下校中におきる危険について知る」「自転車と乗り方をチェックする」など、子どもが身近な危険から身を守るための行動＝脱出アクションを紹介する。

フレーベル館 2022.11 47p 31cm 3600円 Ⓝ369.3
①978-4-577-05098-9

『『危険から脱出せよ！こどもサバイバル─きみならどうする？脱出アクション31〔2〕（レジャー）』

川口拓，濱田亮監修

目次 1章 山にひそむ危険（ハイキングの計画を立てる，計画に必要な持ちものや服装を考える，どんな危険があるか考える ほか），2章 海や川にひそむ危険（水あそびの計画を立ててどんな危険があるか考える，水あそびに必要な服装と持ちものを準備する，海の安全な場所と危険な場所を知る ほか），スペシャル 無人島にひそむ危険（命の優先順位を知る，体温をたもとう！，雨風をふせぐためにシェルターをつくろう！ ほか）

内容 山で道に迷ったら、海や川での安全な泳ぎ方、無人島で生きぬくには─きみならどうする？脱出アクション31。

フレーベル館 2023.1 47p 31cm 3600円 Ⓝ369.3 ①978-4-577-05099-6

危険から脱出せよ！こどもサバイバル─きみならどうする？脱出アクション29〔3〕（災害）』

小野寺耕平監修

目次 1章 災害の前にしておきたい行動（防災家族会議をする，ハザードマップで危険な場所を知る ほか），2章 地震の危険（地震のときに危険な場所を知る，地震対策をする ほか），3章 風水害の危険（台風や大雨のときに危険な場所を知る，気象情報を調べて、「マイ・タイムライン」をつくる ほか），4章 大雪の危険（大雪のときに危険な場所を知る，大雪対策をする ほか）

内容 防災家族会議。地震や風水害へのそなえと避難。災害時に役立つウラワザ。きみならどうする？脱出アクション29。

フレーベル館　2023.3　47p　31cm　3600円　Ⓝ369.3　Ⓘ978-4-577-05100-9

『こんなときどうする？クイズで学べる！自然災害サバイバル』

木原実監修

目次 第1章 地震（リビングにいたら大きな地震が！どこへ逃げる？，地震のゆれがおさまった。まずするべきことは？，ドアが開かず、閉じこめられた！外にいる人にどうやって伝える？ ほか），第2章 水害（雨と風が強くなってきた！まず、なにをすればいい？，「警戒レベル4」が出ている！家族は外出中だけど、どうする？，避難所に向かうとき、どっちのくつをはいていく？ ほか），第3章 避難生活（骨が折れているみたい。応急処置に使えるものは？，切り傷でたくさん血が出ている！どうやって傷口をふさげばいい？，配られたおかしとおにぎり、どっちを先に食べる？ ほか）

内容 地震、水害、避難生活―災害がおきたとき、キミならどうする？数々の防災クイズに答えて生き残れ！生き残るスキルが身につく防災入門書！

日本図書センター　2021.3　159p　23cm　1300円　Ⓝ369.3　Ⓘ978-4-284-20494-1

『サバイバル入門』

メアリー・ポープ・オズボーン，ナタリー・ポープ・ボイス著，高畑智子訳

目次 大自然の中でサバイバル！（道に迷ったら，コンパスはどう使う？ ほか），野生動物との遭遇でサバイバル！（野生のライオンに出会ったら，野生のトラに出会ったら ほか），気象現象でサバイバル！（きびしい暑さから身を守る，きびしい寒さから身を守る ほか），災害でサバイバル！（大地震がおこったら，津波の前ぶれを知る ほか），究極のサバイバル！（ティラノサウルスに出会ってしまったら，海賊につかまってしまったら ほか）

内容 ジャックとアニーは、魔法のツリーハウスでいろいろな時代へ冒険に出かけます。本書では、これまでふたりが体験した大地震、洪水、火山の噴火、竜巻などの災害や、ジャングル、サバンナ、海など、大自然の中での"身を守る方法"を、1冊にまとめて紹介します！

KADOKAWA　2015.11　127p　19cm（マジック・ツリーハウス探険ガイド〔11〕）　780円
Ⓝ369.3　Ⓘ978-4-04-103685-3

『3分間サバイバル〔5〕（生還せよ！自然災害の脅威）』

粟生こずえ作

内容 3分後におとずれる、自然災害との対峙。新感覚サバイバル×ミステリー！！

あかね書房　2022.2　252p　19cm　1000円　Ⓝ913.6
Ⓘ978-4-251-09682-1

『自衛隊芸人トッカグンの日用品で簡単にできる！！超自衛隊式防災サバイバルBOOK』

トッカグン著

内容 世界中どこにいても方角を知る方法etc.絶対にほどけないロープの結び方、ペットボトルでろ過装置を作る方法、乾電池が足りない時にキッチン用品で電池を作る！！缶詰、電池、オイル切れライターetc.で火を起こす！！キャンプ＆アウトドアでも役に立つ！！災害大国ニッポンを生き抜くプロの知恵。

双葉社　2019.10　93p　21cm　1300円　Ⓝ369.3　Ⓘ978-4-575-31504-2

『自然体験学習に役立つアウトドアガイド〔1〕（外へとびだせ！アウトドアたんけんガイド）』

下城民夫監修

目次 第1章 野山をたんけんしよう（野山を楽しもう！，昆虫をさがそう！，鳥をさがそう！，野山は動物のすみかだ！，木や草花を見てみよう！），第2章 海や川をたんけんしよう（海や川には不思議がいっぱい，砂浜をたんけんしよう！，干潟をたんけんしよう！，磯をたんけんしよう！，川をたんけんしよう！，川のまわりも見てみよう！，つりを体験しよう！），アウトドアで役立つ知識（たんけんの準備，危険な生きものや植物）

教育画劇　2015.4　39p　29×22cm　3300円　Ⓝ786　Ⓘ978-4-7746-2006-0

『自然体験学習に役立つアウトドアガイド〔2〕（やってみよう！アウトドアあそび）』

下城民夫監修

目次 第1章 森のアウトドアあそび（秘密基地をつくろう！，自然のもので工作してみよう！），第2章 川のアウトドアあそび（砂浜であそぼう！，干潟であそぼう！，磯であそぼう！，川原であそぼう！，カヌー、カヤックに乗ってみよう！），第3章 夜のアウトドアあそび（キャンプファイヤーをしよう！，キャンドルファイヤーをしよう！，ナイトハイクを楽しもう！，虫をさがしに行こ

う！），アウトドアで役立つ知識（テント泊の基本，ケガをしたときの応急手当）

教育画劇　2015.2　39p　29×22cm　3300円　Ⓝ786　Ⓘ978-4-7746-2007-7

『ぜったいに生き残れ！あばれる君のすぐに使えるサバイバル大全 ──災害時にも使える特別マニュアルつき』

講談社編，あばれる君責任編集

内容 全国小学生に絶大な人気！ あばれる君責任編集の元、水のろ過の仕方、火口のつくり方など、サバイバルに役立つ知識が盛りだくさん。大人も子供も、楽しめる内容になっています。あばれる君が語る、「九死に一生を得た」サバイバルコラムも充実。アウトドア好き、冒険好きのあなたにぜひ読んでほしい1冊です！ 災害時にも使える特別マニュアル付き！

講談社　2022.8　111p　23cm　（講談社MOOK）　1500円　Ⓝ786　Ⓘ978-4-06-529252-5

『竜巻のクライシス』

ひきの真二漫画，三条和都ストーリー

内容 元春とサオリはある日、気象学者の青年・陣内と出会った。竜巻を追いかけるスーパーカーで、街を破壊する巨大竜巻に立ち向かう！

小学館　2016.7　192p　22×15cm　（科学学習まんがクライシス・シリーズ）　1200円　Ⓝ451.5　Ⓘ978-4-09-296619-2
※本書は絶版図書のため、図書館等の蔵書を検索ください

『ドラえもん学びワールド キャンプと自然観察』

藤子・F・不二雄まんが，藤子プロ，長谷部雅一監修

目次 第1章 キャンプに行く前に，第2章 さあ、キャンプがはじまるよ，第3章 草花いっぱい！春キャンプ，第4章 海！川！虫とりが楽しい夏キャンプ，第5章 落ち葉や木の実で遊ぶ秋キャンプ，第6章 雪遊びやバードウォッチングに親しむ冬キャンプ，第7章 満腹！キャンプ料理&スイーツ，第8章 天気と星空と自然の話，第9章 片づけとアフターキャンプ

内容 テントに寝泊り。火起こしと野外料理。自然体験で頭と体をきたえよう！季節別、植物・生きものを写真で紹介！

小学館　2024.7　197p　19cm　（ビッグ・コロタン）　900円　Ⓝ786.3
Ⓘ978-4-09-259228-5

『ビジュアル「生きる技術」図鑑—防災・キャンプに役立つサバイバルテクニック』

かざまりんぺい著，子供の科学編集部編

内容 地震や津波、台風や豪雨など、災害はいつやってくるかわかりません。もし災害が起きてしまったら、あなたはどうしますか？普段の便利な生活ができない状況で、身のまわりにあるものを最大限活用しながら、危機を回避し、生き残るための知恵と工夫を働かせることができるでしょうか？知識として知っていることを、すぐ行動にあらわすことができるでしょうか？本書は、そんなイザというときに役立つ「サバイバルテクニック」の基本を図解。身近なものや環境を活用して行う、実践しやすい練習アイデアをたくさん紹介しています。段ボールやブルーシートを用いたシェルターやテントのつくり方、飲み水や食料の確保、火おこしやアイデア料理、応急処置など、「生き残る」ために必要なテクニックはもちろん、ナイフや履き物、布、トイレまで、さまざまな道具を手づくりする方法、日常のさまざまな場面で活躍するロープワークまで、「生き残った後」に役立つテクニックも満載。本書のテクニックはキャンプやアウトドアにも大活躍すること間違いなし。小学生から大人まで、あらゆる人に役立つでしょう。

誠文堂新光社　2023.4　191p　21cm　1700円　Ⓝ369.3　Ⓘ978-4-416-52349-0

『防災サバイバル読本—そのときどうする〈第7版〉』

日本防火・防災協会編

内容 日頃の備えから災害発生時の行動まで…生き残るためのサバイバル読本！地震・火災・風水害対策に加え、ガイドライン2015に対応した応急手当の方法について親しみやすいイラストともに解説！防災講習会や防災リーダー用教本に、また中高生の防災教育用にも最適！

東京法令出版　2019.8　121p　21cm　700円　Ⓝ369.31　Ⓘ978-4-8090-2467-2

『防災ピクニックが子どもを守る！—災害時に役立つサバイバル術を楽しく学ぶ』

MAMA・PLUG編・著

目次 1 防災ピクニック1—まずはやってみよう（防災ピクニックって？，子どもと一緒に防災ウォーク ほか），2 防災ピクニック2—こだわってみよう（炊飯袋で、簡単・非常食を作ろう，ガスバーナーで非常食クッキング ほか），3 防災の視点をポケットに、野へ山へ（防災の視点をポケットにハイキングへ！，親子で成長！防災ハイキング ほか），4 生きる力につなげる取り組み方のコツ（防災は日常生活力，子どもに伝えたい生きる力 ほか），5 防災はアクティブに！（アクティブ防災って？，私たちが解決したい課題 ほか）

内容 防災ピクニックで、防災力をアップしよう。家族の楽しいアウトドア経験が、いざというとき、生死を分ける！？わが家の防災、他人事になっていませんか？

KADOKAWA　2014.2　95p　21cm　1000円　Ⓝ369.3　Ⓘ978-4-04-066330-2

『Why？サバイバルの科学』

チョヨンソン文，イヨンホまんが，川口拓日本語版監修

目次 サバイバル、生き残る技術，思わぬ事故，生存のための重要な要素，水を探そう，飲み水を手に入れよう，火をおこそう，体温を維持する，食べられる小動物，食べられる野生植物，道具をつくってみよう，休める場所を用意しよう，狩り，料理は楽ではない，非常食をつくろう，情報を伝えよう，道具なしに方向や距離を知る，自然現象から天候を予測する，安全に移動する，サバイバルのための応急処置，サバイバル科学の未来

世界文化社　2019.6　158p　23×17cm　（なぜ？に答える科学まんが）　1100円　Ⓝ369.3
Ⓘ978-4-418-19811-5

『めざせ！災害サバイバルマスター──きみは、災害発生後72時間を生き抜けるか？〔1〕（助けを呼ぶ／火起こし）』

片山誠監修，髙橋未来イラスト

目次 1 助けを呼ぶ（地域の危険を予想する，声を出して助けを呼ぶ，ものを使って助けを呼ぶ，裏声を出して助けを呼ぶ，非常用持ち出し袋について考える），2 火起こし（火をつける道具と方法，マッチで火をつける，小枝を燃やして、火をキープする，たき火する場所を選ぶ，安定したたき火をつくる，かまどをつくる）

太郎次郎社エディタス　2019.2　31p　29cm　2500円　Ⓝ369.3　Ⓘ978-4-8118-0816-1

『めざせ！災害サバイバルマスター──きみは、災害発生後72時間を生き抜けるか？〔2〕（安全な水／ナイフと道具）』

片山誠監修，髙橋未来イラスト

目次 1 安全な水（水道以外で水が手に入る場所って、どこ？，泥水の不純物をとりのぞく，殺菌の方法を知る，水の大切さについて考える），2 ナイフと道具（刃物について知る，ナイフで小枝を削る，ナイフでリンゴとジャガイモの皮をむく，ナタや手斧で薪を割る，竹や小枝を削って、箸をつくる，刃物の保存方法を知る）

太郎次郎社エディタス　2019.2　31p　29cm　2500円　Ⓝ369.3　Ⓘ978-4-8118-0817-8

『めざせ！災害サバイバルマスター――きみは、災害発生後72時間を生き抜けるか？〔3〕（シェルター／食べもの）』

片山誠監修，高橋未来イラスト

目次 1 シェルター（シェルターの種類と使い道，市販のテントを張る，市販のタープを張る，ロープについて知る，ロープワークをふたつ覚える，ブルーシートで小さなタープを張る），2 食べもの（非常食になるものを知る，非常食を食べる，空き缶でごはんを炊く，おにぎり1個で1日を過ごしてみる）

太郎次郎社エディタス　2019.2　31p　29cm　2500円　Ⓝ369.3　Ⓘ978-4-8118-0818-5

『もしときサバイバル術Jr――災害時に役立つスキルを手に入れろ！』

片山誠著，高橋未来イラスト

目次 1 SOS，2 ファイヤー，3 ウォーター，4 ナイフ，5 シェルター，6 ファーストエイド，7 フード，8 チームビルド，さらなるステップアップをめざすきみへ サバイバルマスター認定プログラム講習の紹介

内容 もしものときを生き抜くスキルとマインドを身につける。自分を守り、だれかを助ける8つのプログラム。72時間サバイバル公式テキスト。

太郎次郎社エディタス　2018.5　126p　21cm　1400円　Ⓝ369.3　Ⓘ978-4-8118-0828-4

『もしものときのサバイバル術』

峯村真まんが，かざまりんぺい監修

目次 プロローグ サバイバルの始まり，1日目 水と火がなければ生きられない！！，2日目 おいしいサバイバル，3日目 住みやすいのはどんな家？，4日目 サバイバルには危険がいっぱい，5日目 ちえとくふうのサバイバル工作，6日目 だれか、助けてくれ～，7日目 危険がいっぱいの都市を生きのびろ！，エピローグ サバイバルの終わり

内容 この本はまんがとイラスト解説の立体構成になっているよ。はじめにまんがで、日常とはちがう野外での電気も水道もない生活をのぞいてみよう！そして解説で、使えるテクニックを身につけよう！火のおこしかたや助けのよびかた、自然災害への対処まで…この本を読めば、きみはサバイバルの達人だ！

Gakken　2018.5　170p　19cm　（学研まんが入門シリーズミニ）　1000円　Ⓝ369.3
Ⓘ978-4-05-204837-1

『わくわくサバイバル図鑑』

ハイサイ探偵団監修

目次 水のサバイバル，火のサバイバル，基地のサバイバル，食料のサバイバル，

危険生物のサバイバル，救助のサバイバル，防災のサバイバル

内容 "なぜ海水は飲んだらダメなの？" "どうして火はつくの？" "食べ物がくさるってどういうこと？"子どもの疑問答えます！！キャンプのお供、外遊びの教科書、災害への備え。夏休みの自由研究のヒントに役立つ。野外生活に必要なスキルが学べる一冊。

KADOKAWA 2021.7 159p 19cm 1200円 Ⓝ786 Ⓘ978-4-04-605255-1

◇応急処置・災害医療

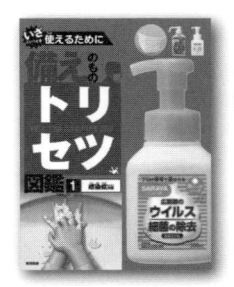

『いざというとき使えるために備えのものトリセツ図鑑〔1〕（感染症対策）』

目次 マスク（各部の名前，はじめてのトリセツ──マスクの使い方，飛沫感染をマスクで防ぐ／マスク使用の注意 ほか），手洗い（洗い残しが多いところ，はじめてのトリセツ──手洗いのやり方，さまざまなせっけん ほか），新しい生活様式（生活様式のビフォーアフター──部屋の換気，生活様式のビフォーアフター──密集を避ける，生活様式のビフォーアフター──密接を避ける ほか）

教育画劇 2021.2 35p 31cm 3500円 Ⓝ369.3 Ⓘ978-4-7746-2232-3

『いざというとき使えるために備えのものトリセツ図鑑〔2〕（病気・怪我対策）』

目次 電子体温計（はじめてのトリセツ 体温計の使い方，さまざまな体温計 ほか），熱中症の手当（はじめてのトリセツ 熱中症の応急処置，危険なのは昼だけじゃない、外だけじゃない ほか），けがの手当1（救急絆創膏）（はじめてのトリセツ 救急絆創膏の使い方，さまざまな救急道具 ほか），けがの手当2（だぼく）（はじめてのトリセツ だぼくの応急処置，RICE処置 ほか）

教育画劇 2021.4 35p 31cm 3500円 Ⓝ369.3 Ⓘ978-4-7746-2233-0

『いざというとき使えるために緊急のものトリセツ図鑑〔3〕（まちのなか）』

目次 AED（胸骨圧迫と人工呼吸のやり方，AEDは白い箱の中にある，AEDと救命率），防犯ブザー（安全を知っておこう，外出中の約束「いかのおすし」，まちがえて鳴らしたときは？ ほか），公衆電話（さまざまな公衆電話，

災害時は無料になる，非常時のSOS ほか）

教育画劇　2020.4　35p　31cm　3500円　Ⓝ369.3　Ⓘ978-4-7746-2200-2

『いのちを救う災害時医療』

森村尚登著

目次 第1章 東日本大震災が起こったとき（最大級の被害をもたらした東日本大震災，災害医療アドバイザーとして、原発事故に対応 ほか），第2章 災害って、なに？（災害とは？，世界の大地震の20パーセントが日本で発生 ほか），第3章 災害時の医療とは（災害時に活躍するドクターヘリ，災害時の医療ってどんなことをするの？ ほか），第4章 日常は災害だらけ（災害の現場では、アドリブ力が必要，災害時の医療はジャズ演奏に似ている！ ほか），第5章 中学生のみなさんに、伝えておきたい大事なこと（どんなときでも、あいさつが大事です，安全の第一歩は、まず自分を守ること ほか）

河出書房新社　2019.12　200p　19cm（14歳の世渡り術）　1400円　Ⓝ498.89
Ⓘ978-4-309-61720-6

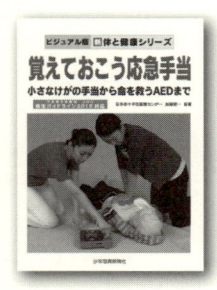

『覚えておこう応急手当—小さなけがの手当から命を救うAEDまで〈第3版〉』

加藤啓一監修

目次 第1章 一次救命処置，第2章 日常的なけが，第3章 手足のけが，第4章 頭部と体幹部のけが，第5章 緊急時の手当，第6章 乳幼児の手当

少年写真新聞社　2017.1　79p　26cm（ビジュアル版　新　体と健康シリーズ）　2100円　Ⓝ492.29　Ⓘ978-4-87981-597-2

『きゅうきゅうばこ〈新版〉』

やまだまこと文，やぎゅうげんいちろう絵

目次 やけど，すりきず，きりきず，とげ，ドアにはさんだ，はなぢ，しゃっくり，たんこぶ，はちにさされた，みみにむしがはいった，ねこにひっかかれた，あしがしびれた

内容 けがのてあてのおべんきょう。読んであげるなら4才から、じぶんで読むなら小学校初級から。

福音館書店　2017.2　28p　26×24cm（かがくのとも絵本）　900円　Ⓝ492.29
Ⓘ978-4-8340-8321-7

『きゅうきゅうばこの絵本―ケガをしたらどうする？』

WILLこども知育研究所編・著，川原瑞丸絵，坂本昌彦監修

目次 はしって、ころんですりむいた！，カッターで、ゆびをきった！，くちのなかをきった！，はなをほじったらはなぢがでた！，てにとげがささった！，あついホットプレートでやけどした！，ドアにゆびをはさんだ！，ちゃくちしたときあしをひねった！，プールであしがつった！，うでのほねがおれた！，ころんであたまをうった！，ころんでおなかをぶつけた！，いぬをなでたらかまれた！，いたい！ハチにさされた！，あそんでいたらはっぱでかぶれた！，みみにみずがはいった！，さかなのほねがのどにささった！，あつくてあたまがくらくらする，ともだちがガクガクふるえている！

内容 小さな子どもによく起きるケガ・急病・事故の応急手当てと予防のポイントをやさしく解説。すりきず、きりきず、やけど、ねんざ、骨折、鼻血、魚の骨がのどに刺さった、熱中症、けいれん、窒息、おぼれた…など21の症例の応急手当てを掲載！

金の星社　2023.9　47p　24×24cm　1700円　Ⓝ492.29　Ⓘ978-4-323-07530-3

『シリーズ疫病の徹底研究〔4〕（疫病対策・わたしたちのできること）』

坂上博著，こどもくらぶ編

目次 知識をつけることの大切さ，感染の経路とすみか，感染力と毒性，予防法と治療法，できることをみんなで話しあう，かからない・うつさない，感染症にまけない体づくり，薬にたよりすぎない，正しい知識と理解で偏見や差別をなくす，行動する勇気をもつ，感染を広げない「咳エチケット」，感染防止の基本は手洗いとうがい，適度の湿度と換気で予防，忘れてはならない予防接種，災害にそなえる

講談社　2017.2　31p　29×22cm　2800円　Ⓝ498.6　Ⓘ978-4-06-220438-5

『ぱっと見てわかる！はじめての応急手当〔1〕（けがの応急手当）』

岡田忠雄，山田玲子監修，WILLこども知育研究所編著

目次 日常的なけが（鼻血が出た！，すりきずができた！，切りきずができた！，さしきずができた！，やけどをした！ほか），大きなけが（アキレス腱をいためた！，肉ばなれになった！，肩が外れた！（脱臼），骨が折れた！（骨折），歯が外れた！ほか）

岩崎書店　2020.1　47p　29×22cm　3000円　Ⓝ492.29
Ⓘ978-4-265-08771-6

『ぱっと見てわかる！はじめての応急手当〔2〕（病気の応急手当）』

岡田忠雄，山田玲子監修，WILLこども知育研究所編著

目次 こんなとき、どうする！？具合の悪い人がいたら…，日常的な体の不調（かぜ 熱が出た！，かぜ のどがいたい！せきが出る！，かぜ くしゃみ・鼻水が多い！ ほか），きけんな体の不調（熱くてふらふらする…（熱中症），けいれんを起こした！，うまく息がすえない！（過呼吸・過換気症候群）ほか），身近な事故の手当（のどにつまった！（窒息），水におぼれた！），病気にかかりにくい体を作る！予防のためにできること！

内容 かぜをひいた、頭がいたい、おなかがいたい…こんなときどうしたらよいの？

岩崎書店　2020.2　47p　29×22cm　3000円　Ⓝ492.29　Ⓘ978-4-265-08772-3

『ぱっと見てわかる！はじめての応急手当〔3〕（命をまもる応急手当）』

清水直樹監修，WILLこども知育研究所編著

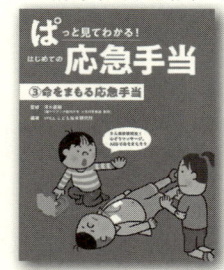

目次 命をすくう応急手当（心肺蘇生が必要なとき，まよったら心ぞうマッサージ，命を助けるそのときは…コールアンドプッシュ，心肺蘇生 心ぞうマッサージをはじめよう，AEDがある場所を知ろう），災害時の応急手当（災害にそなえる1 心のそなえ，災害にそなえる2 物のそなえ，切りきずの手当，さしきずの手当 ほか）

内容 きん急事態発生！心ぞうマッサージ、AEDで命をまもろう。

岩崎書店　2020.1　47p　29cm　3000円　Ⓝ492.29　Ⓘ978-4-265-08773-0

『みんなで防災アクション！―国際レスキュー隊サニーさんが教えてくれたこと〔3〕（けがや熱中症から身を守ろう）』

神谷サニー著

内容 もしも、熱中症になってたおれてしまったら、運動中の事故でけがをしてしまったらどうしますか？災害や事故はある日とつぜん、起こります。今まで経験したことがなくても、いつか経験する可能性は、だれにでもあるのです。その「いつか」に遭遇したとき、命を守るヒントがこの本にはたくさんつまっています。さあ、サニーさんといっしょに、防災アクションに挑戦しよう！

評論社　2016.4　48p　29cm　3800円　Ⓝ369.3
Ⓘ978-4-566-03064-0

『めざせ！災害サバイバルマスター——きみは、災害発生後72時間を生き抜けるか？〔4〕（応急手当／チームワーク）』

片山誠監修, 髙橋未来イラスト

目次 1 応急手当（応急手当について理解する, 手袋のつけ方・はずし方を習得する, 止血の方法を習得する, 熱中症の予防法と対処法を覚える, 低体温症の予防法と対処法を覚える）, 2 チームワーク（避難所生活で必要な情報をシェアする, 1人ひとりが活躍できるチームをつくる, 過ごしやすくするくふうを考える, 初対面の人たちとチームになる）

太郎次郎社エディタス　2019.2　31p　29cm　2500円　Ⓝ369.3　Ⓘ978-4-8118-0819-2

◇サバイバル・クッキング

『おかあさんと子どものための防災&非常時ごはんブック——4コマでわかる！』

草野かおる著, 木原実監修

目次 1章 これだけは知っておきたい防災の常識, 2章 外出先で子どもと被災！どうする？, 3章 子どもと離れている時に被災！どうする？, 4章 電車や車に乗っている時に被災！どうする？, 5章 家にいる時に被災！どうする？, 6章 避難生活の常識、知ってる？, いざという時のための非常時ごはん

内容 明日災害が起きたら！？そのとき、自分は？子どもは？家は？12日間家族を守る備蓄食糧って？防災力は、地頭力。いざという時、臨機応変に、素早く判断することが生き残ることにつながる。

ディスカヴァー・トゥエンティワン　2014.8　165p　19×16cm　1300円　Ⓝ369.3
Ⓘ978-4-7993-1545-3

『かんたんおいしい防災レシピびちくでごはん——そなえあればうれいなし:保存版』

岡本正子監修, 粕谷亮美文, 杉山薫里絵

目次 おばあちゃんがやってきた, 防災の日って、どういう日？, ぼくの家の防災用品, わすれずにそなえておくものは、なに？, 冷蔵庫の中身もびちくのうち, びちくのリストづくり, 3日分のこんだて表をつくる, びちくでごはん1日目, ラップやチラシが大かつやく, 2日目からはカセットコンロで料理, ポリ

袋を使って料理づくり，おやつをつくる，おろしがねを使って料理，びちくで
ごはん3日目，びちくでごはんに必要なことは，なに？，びちくでごはん4日目，
びちくでごはん5日目，びちくでごはん最終日

内容 これは便利！6日間のレシピと備蓄リスト付。何をどのくらい備えておく
か？備蓄品でおいしい料理はつくれるか？その疑問にすっきり答えます。

子どもの未来社　2017.1　47p　27cm　1500円　Ⓝ369.3　Ⓘ978-4-86412-101-9

『こどものための防災教室—災害食がわかる本』

今泉マユ子著

目次 1時間目 災害について学ぶ もしもって，どんなとき？，
2時間目 災害食を知ろう1 なにからはじめる？水と食のそ
なえ，3時間目 災害食を知ろう2 災害食ってなに？，4時間
目 災害食をそなえる はじめよう！日常備蓄，5時間目 災害
食の食べかた すぐできる！サバイバルレシピ，6時間目 今
日からやる防災 今自分たちにできること

内容 こんにちは，今泉マユ子です。わたしは管理栄養士
として働きながら2人のこどもの母親として家族の健康を
守ってきました。2011年3月11日に東日本大震災がおきたと
き，「非常持出袋は家族全員がわかる場所で，すぐにとり出せなければいけない。
家にたくさん食べものがあっても，小さな子が自分ひとりで食べられるものは
ほとんどない」と強く実感し，この日をきっかけに災害食の研究をはじめまし
た。それ以来，すべての人の心と体の健康を守る管理栄養士としての使命に燃
え，災害食，防災食，そなえることの大切さについてお伝えしています。

理論社　2018.8　111p　27cm　3800円　Ⓝ369.3　Ⓘ978-4-652-20274-6

『「もしも」のときに役に立つ！防災クッキング〔1〕（電気・ガスが止まっ たときに役立つレシピ—主食おかず汁物おやつ）』

今泉マユ子著

目次 防災クッキングでもしものときを生きぬく力を身につけよう，どうなる？
電気・ガスが止まったとき，もしもにそなえてつくってみよう！防災クッキン
グ，火なし！熱なし！おてがるクッキング，熱源となる道具を使って！あった
かクッキング，BOUSAI NEWS まちなかで発見！かまどベンチ特集，レッツ
自由研究 ソーラークッカーをつくってみよう！

内容 防災教育にぴったり！レシピ数は35品！

フレーベル館　2019.8　47p　31cm　3500円　Ⓝ369.3
Ⓘ978-4-577-04843-6

『「もしも」のときに役に立つ！防災クッキング〔2〕（水道が止まったときに役立つレシピ―主食おかずおやつ）』

今泉マユ子著

目次 どうなる？水道が止まったとき（知っておこう（もしものときの浄水場のしくみ，もしものときの下水処理場のしくみ），そなえよう―ライフラインが止まったときのクッキングに役立つ道具），もしもにそなえてつくってみよう！防災クッキング（水なしでつくれる！おてがるクッキング，水を節約してつくる！お湯ポチャクッキング，電気を活用してつくる！家電クッキング），BOUSAI NEWS まちなかで発見！災害救援ベンダー特集，レッツ自由研究 ろ過装置をつくってみよう！

内容 主食、おかず、おやつ。レシピ数は35品！

フレーベル館　2019.12　47p　31cm　3500円　Ⓝ369.3　Ⓘ978-4-577-04844-3

『「もしも」のときに役に立つ！防災クッキング〔3〕（自分を守る！食べもののそなえとじゅんび―災害のしくみ 災害食 備蓄 衛生）』

今泉マユ子著

目次 防災クッキングでもしものときを生きぬく力を身につけよう，もしものときってどんなとき？，もしものときが来たらくらしはどうかわる？，おいしい食事は生きる力になる，水のそなえが命を守る，ふだんから食べものをそなえよう，「もしも」のときに役に立つ防災クッキング術，防災クッキング特別特集 災害食ずかん（発熱剤入り災害食，ごちそう災害食，アルファ化米のごはん，フリーズドライのごはん，パンの缶づめ，ケーキの缶づめ，災害食ってどこで買えるの？），「もしも」のときにかかせない食物アレルギーのそなえ，食べながらそなえるローリングストック，食べものや水などをそなえておく場所，もしものときこそ食中毒に注意！，トイレのそなえも忘れずに，レッツチャレンジ（乾物を手づくりしてみよう，保存食を手づくりしてみよう），体験学習や展示で災害について学ぼう！ 防災館ガイド

フレーベル館　2019.10　47p　31cm　3500円　Ⓝ369.3　Ⓘ978-4-577-04845-0

災害に関する読み物

◇体験談・ドキュメント・読みもの

『命を救われた捨て犬夢之丞―災害救助泥まみれの一歩』

今西乃子著，浜田一男写真

内容 泥にまみれて広島で救助活動を行った1匹の災害救助犬。夢之丞という名のその犬は殺処分寸前で救われた犬だった―殺処分直前に動物愛護センターから引き出された1匹の子犬。おくびょうで人をよせつけず、散歩すら苦手。食べ物への欲もなかったこの子犬は、やがて新米ハンドラーと共に訓練をこなし災害救助犬として新たな一歩をふみだした。

金の星社　2015.4　157p　22cm（ノンフィクション知られざる世界）　1300円　Ⓝ369.3
Ⓘ978-4-323-06089-7

『希望―命のメッセージ』

鎌田實，佐藤真紀著

目次 第1部 東日本からの命のメッセージ（子どもたちの3月11日），第2部 支援、命、希望について（子どもたちを支える，命の尊さについて，希望について），第3部 イラクからの命のメッセージ（限りなき義理の愛大作戦／イラク関連年表）

内容 強くて、あたたかくて、やさしい国をとりもどそう。子どもたちの夢と希望をとりもどそう。読むと元気になる写真エッセイ集。

東京書籍　2011.9　127p　21cm　1400円　Ⓝ369.31　Ⓘ978-4-487-80568-6

『地震の村で待っていた猫のチボとハル―山古志村で被災したペットたちの物語』

池田まき子著

目次 震度七の巨大地震，「全村非難」の山古志村，置き去りにされた動物たち，飼い主たちの悲しみ，動物たちを救え，チボとハルはどこへ，ふるさとの姿を見つめて，動物たちの居場所，保護されたハル，家の裏にたたずむチボ，仮設住宅での暮らし，ハルを村に帰そう，一年十カ月ぶりの帰宅，被災動物が教えてくれたこと

内容 道路はずたずた、陸の孤島となった村は、自衛隊のヘリコプターで全員の避難が緊急決定。でも、ペットを連れてはダメとの指示が…。すぐに戻って来

られると思ったが、いつまでも続く余震に、避難指示は解除されず、飼い主たちが村に入ることは、かなわなかった。新潟県庁の生活衛生課や動物保護管理センターの職員たちは、取り残されたペットたちのために村に向かい、困難な状況の中で、救援活動を始めた。小学校中学年以上向き。

ハート出版　2007.11　157p　21cm　1200円　Ⓝ645.7　Ⓘ978-4-89295-579-2

『震度7──新潟県中越地震を忘れない』

松岡達英文・絵

内容　自然豊かな川口町は、観測史上初の震度7にゆさぶられた。いのち、わが家、思い出、おだやかな日々…たくさんのものを地震はうばっていった。しかし、地震は人間の強さとあたたかさ、決して消えないきずなを教えてくれた。

ポプラ社　2005.4　79p　23×19cm　1200円　Ⓝ369.31　Ⓘ4-591-08592-9

『空から降ってきた猫のソラ──有珠山噴火・動物救護センターの「天使」』

今泉耕介作

目次　カラスの落としもの，お母さん猫とはなれて，悲しいできごと，やさしい心を運んできた子猫，この子を助けてください，ソラ，がんばって，アイドルになったソラ，もう一度、家族と会いたい，さよならソラ，あたらしい友だち

内容　噴火する少しまえから、地鳴りや地震がひんぱんにありました。犬や猫、あるいはニワトリたちは、なにか不吉なことがおきそうな気がして、不安でした。やがて有珠山のすそ野から、白い蒸気が噴き出し、不安は現実のものとなりました。大音響とともに、地面が割れ、そこからたくさんの噴煙がのぼりました。小学校中学年以上向き。

ハート出版　2002.7　140p　21cm（ドキュメンタル童話・猫のお話）　1200円　Ⓝ645.7
Ⓘ4-89295-271-0

『千曲川はんらん──希望のりんごたち』

いぶき彰吾文

目次　避難の夜，千曲川決壊，劇をつくろう，桜づつみ──水に流すな水害史，おそいかかる水，救助を待つ西澤さん，沈むブロック塀，避難所へ，「助けてください」，桜づつみの歌は残った，DO YOUR BEST

内容　近年、かつてない大型の台風や集中豪雨が日本列島をおそっています。みなさんの地域はどうでしょうか。小学校六年生のときに水害の劇を上演した由希音さんたちは、高校生になって全員が千曲川はんらんの被災者となります。

水害とはどんなものなのか。悲しみの中に前を向くことはできるのか。水害について、いっしょに考えませんか？

文研出版　2021.1　159p　22×16cm　（文研じゅべにーる"ノンフィクション"）　1400円
Ⓝ369.33　Ⓘ978-4-580-82453-9

『津波ものがたり〈改訂新版〉』

山下文男著，箕田源二郎，宮下森画

目次　第1話　たすけてみれば、わが家のばあちゃん，第2話　馬に乗って泳ぎついた少年，第3話　人びとをすくった叫び声，第4話　かくされた大津波，第5話　音もなくやってきた津波，第6話　波に消えた遠足の夢，津波の災害をふせぐために考える―タイとヒラメと先生の対話

内容　一度に何万もの命をさらっていくおそろしい津波！海にかこまれている私たちにとって、これは、必読の"防災読本"である。

童心社　2011.6　95p　23cm　1429円　Ⓝ369.31　Ⓘ978-4-494-01955-7

『特別授業3.11 君たちはどう生きるか』

あさのあつこ，池澤夏樹，鷲田清一，鎌田浩毅，橋爪大三郎，最相葉月，斎藤環，橘木俊詔，斎藤環，田中優著

目次　国語　表現する力をつけてほしい（あさのあつこ），歴史　きみは世界史の中にいる（池澤夏樹），倫理　支えあうことの意味（鷲田清一），地理　日本とはどんな場所か？今後どうなるのか？（鎌田浩毅），政治　いまこそ政治の本当の意味がわかる（橋爪大三郎），理科　科学は私の中にある（最相葉月），経済　経済成長より大切なこと（橘木俊詔），保健　いま、こころのケアとは？（斎藤環），課外授業・ボランティア「祈り」の先にあるもの（田中優）

内容　二〇一一年三月十一日に起こった、東日本大震災。この未曾有の出来事によって、私たちは何を問いかけられ、そこから何を学んだのだろうか。国語、歴史から課外授業・ボランティアまで、九教科、九名の講師陣が、様々な観点から震災を捉え直し、これからの生き方を考える紙上特別授業。文庫版は十年後の緊急書き下ろしを追加収録。

河出書房新社　2021.3　218p　15cm　（河出文庫）　770円　Ⓝ369.31
Ⓘ978-4-309-41801-8

『火をふく山のふもとで―普賢岳の噴火にたちむかう子どもたち』

真鍋和子作，高田三郎絵

内容　地元の人々に昔から「普賢さん・普賢さん」と呼ばれて、親しまれてきた普賢岳。その山が突然、二百年の眠りから覚めて、噴火した。この物語は、火

砕流と土石流によって、多大な被害を受けたひもとの人々と子供たちの姿を通して、「生きる」とは、を問いかける。

汐文社　1996.4　127p　21cm　1300円　Ⓝ90　Ⓘ4-8113-0289-3

『被災地の動物をすくえ！―雲仙・普賢岳で活動するボランティア』

森下研作，狩野富貴子絵

目次 1 火と灰のふる街で，2 人間らしくあるために，3 雲仙被災動物を救う会，4 里親になってください，5 里子にいったけれど，6 命をまもるみち，7 ともに生きていく日を

内容 普賢岳の噴火により、家をうしない、灰の街をさまよいあるく犬や猫たち―。それらを保護しつづけた、「雲仙被災動物を救う会」の人びとの活動記録である。小学中級以上向き。

PHP研究所　1995.3　124p　21cm　（PHP愛と希望のノンフィクション）　1200円　Ⓝ916
Ⓘ4-569-58934-0

『ぼくらは闘牛小学生！―牛太郎とともに、中越地震から立ちあがった子どもたち』

堀米薫文

目次 第1章 小千谷闘牛二〇一〇年九月五日場所，第2章 新入生は闘牛，第3章 牛太郎は弱虫？，第4章 山がわれた！，第5章 帰ってきた牛太郎，第6章 牛太郎とともに，第7章 パパは勢子長，第8章 ぼくらの牛太郎

内容 二〇〇二年四月、新潟県小千谷市の東山小学校にめずらしい新入生が入学しました。牛太郎という名の「闘牛」です。以来、子どもたちは牛太郎といっしょに「小千谷闘牛」に出場し、地域の伝統文化を学んできました。ところが二〇〇四年十月二十三日、震度六強の中越地震が東山地区をおそい…。闘牛は、復興への希望の光となったのです。小学校中学年から。

佼成出版社　2011.8　128p　22cm　（感動ノンフィクションシリーズ）　1500円　Ⓝ788.4
Ⓘ978-4-333-02502-2

『三宅島のムサシ―噴火の島においてきぼりになった犬』

井上こみち文，さのあきこ絵

目次 緑の豊かな島に異変が，島民全員、避難せよ！，ひとりぼっちのムサシ，犬がいるぞ！，生きていてくれてありがとう，救援センターの仲間たち，島に帰りたかったコロ，新しい家族と

内容 2000年8月、三宅島の雄山が噴火―。だれもいなくなった島で、1年間、生きぬいた犬・ムサシ。「みんな、どこに行っちゃったの？」自然災害が起こったとき、動物たちは…。人間と動物のきずなを描いた感動のノンフィクション。小学校中学年から。

素朴社　2005.2　94p　21cm　1200円　Ⓝ645.6　Ⓘ4-915513-87-4

『よみがえった黒こげのイチョウ』

唐沢孝一著

目次 第1話 黒こげのイチョウに出会う，第2話 震災・戦災を伝える樹木，第3話 樹木から学ぶ都市の防災（樹木にはげまされた人々，樹木が人命を救った），第4話 樹木が語る郷土の歴史

内容 この本は、一本の黒こげに焼けた樹木に好奇心をいだいた著者が、実際に出かけて調べた東京や広島、長崎などの樹木を中心に、自分の足で調べた自然や歴史の話です。

大日本図書　2001.6　157p　19cm　1350円　Ⓝ90　Ⓘ4-477-01201-2

『竜之介先生、走る！―熊本地震で人とペットを救った動物病院』

片野ゆか作，高倉陽樹絵

内容 大災害がおこったら、ペットと一緒に、どうやって生きのびる！？熊本地震のとき、「ペット同伴避難所」を開いてのべ1500組の動物と飼い主さんを救った獣医師の、汗と勇気のリアルストーリー。

ポプラ社　2019.4　247p　20cm　（ポプラ社ノンフィクション〔35〕）　1400円　Ⓝ649.816
Ⓘ978-4-591-16253-8

◇阪神・淡路大震災

『あしたは元気！！―ぼくらの阪神大震災 感動ドキュメント』

綾野まさる文，金成泰三絵

内容 瓦礫から掘り出した父の残した金属バット、避難所を明るくした手作り新聞、耳の不自由な両親に変わり一家を支えた少女・・・。未曾有の災害に耐えた子どもたちの、健気な姿を綴るドキュメント童話7編。

小学館　1995.8　175p　22cm　1000円　Ⓝ91　Ⓘ4-09-290091-0

『あの日─わたしと大吉の阪神淡路大震災』

日比野克彦構成・絵

内容 1995年1月17日の「あの日」。あの日からの「わたし」とシーズーの愛犬「大吉」の生きるためのたたかいの記録。

講談社　2001.9　34p　27×21cm　（どうぶつノンフィクションえほん）　1600円
Ⓘ4-06-270255-X

『雨の日は二人─阪神大震災を生きた一人の少女』

岸本進一作，おぼまこと絵

内容 お父さんの死。大きな傘と止まったままの腕時計だけが形見として残った。その日から、麻奈は…。

汐文社　1995.11　147p　21cm　1300円　Ⓝ91　Ⓘ4-8113-0080-7

『いのちのひまわり─はるかちゃんからのおくりもの』

綾野まさる作，松本恭子画

目次 まっくろけのハンバーグ，お母さん、だーい好き，ガレキのまち，悲しいまでの青い空，見つかった宝もの，一輪のひまわり，赤いぶつぶつ，学校なんかにいきたくない，ひまわりの涙，七年めのたねまき，お母さんのすすり泣き，つながったこころの糸

内容 1995年1月17日の朝5時46分、阪神淡路大震災は起きた。震災が奪ったものは、たくさんの命と町並み、そして思い出。震災が残したものは、たくさんの思いやりと絆、そして希望。ガレキに咲いた"希望の花"に大反響。

ハート出版　2005.5　157p　22cm　1200円　Ⓝ369.31　Ⓘ4-89295-514-0

『笑顔の明日にむかって─神戸・くららべーかりーの仲間たち』

中村翔子著，新野めぐみ絵

目次 パン屋さんをひらきたい！，きびしいパンの修業，「くららべーかりー」のオープン，大震災におそわれて，震災から立ちあがる，ボランティアの人びととの交流，うれしいはげまし，夢にむかって

内容 障害者とともに働く小さなパン屋さんの大きな夢！大震災をのりこえ、障害者の自立をめざして。

あかね書房　1997.12　135p　21cm　（あかねノンフィクション〔10〕）　1300円
Ⓘ4-251-03910-6

『黒い虹よ、七色に──今も阪神淡路大震災とたたかう遺児たち』

今関信子文，菊池恭子絵

目次 第1章 トーテムポールの絵，第2章「あしながさん」って？，第3章 地震でこわれた街へ，第4章 心のケガはみんなで治そう，第5章 また会えた「海の集い」，第6章 シロウの虹は黒い虹，第7章 いやしの家、ダギーセンターへ，第8章 レインボーハウスの子どもたち，第9章 つながって生きている

内容 あの子たちの心のケガは、大ケガや。大好きだった父さんが、となりで息をしなくなったんやもの。あんなショックで、できてしまったケガは、まだまだ治っていない。治るどころか、血をふいとる。

佼成出版社　2002.1　127p　21cm（感動ノンフィクションシリーズ）　1500円　Ⓝ369.31　Ⓘ4-333-01957-5

『神戸っ子はまけなかった──阪神大震災とのたたかい・苦難と感動の記録』

今関信子作，古味正康絵

目次 第1話 民族の垣根をこえて，第2話 あなたの笑顔は明日への希望，第3話 先生、少し眠っていいですか？，第4話 いっしょにがんばろう

内容 阪神大震災で大きな被害をうけた神戸。がれきの中でたがいに助けあい、悲しみをのりこえ立ちあがる人々の姿を、事実をもとにつづる感動の物語。小学中級以上。

PHP研究所　1995.12　154p　21cm（PHP愛と希望のノンフィクション）　1300円　Ⓝ916　Ⓘ4-569-58976-6

『子どもたちに伝えたいこと──阪神・淡路大震災の被災経験から』

屋敷久恵著

目次 第1章 脅威の阪神・淡路大震災発生，第2章 震災当日の混乱，第3章 震災翌日，第4章 震災翌日から1カ月，第5章 震災後1カ月〜8年，第6章 震災後8年〜21年

内容 人は何もかもを失ったとき、本当の人の優しさに触れることができるのかもしれない。

インプレスR&D，インプレス〔発売〕　2016.11　101p　21cm（震災ドキュメント）　1200円　Ⓝ369.31　Ⓘ978-4-8443-9735-9

『魚たちの声が聞こえますか？──生命と向きあいつづける須磨海浜水族園飼育係』

中村翔子作，涌嶋克己絵

目次 1 水族園の誕生（波の大水槽，メジロザメ捕獲作戦，えさの苦労，掃除も仕事のうち ほか），2 大震災をのりこえて（突然のできごと，避難所となった水族園，長びく停電，イルカとラッコは守りぬこう！ ほか）

内容 海の生き物が大集合する水族館。その楽しい施設の裏側には、魚たちの声に耳をかたむけ、その命を守る、飼育係の懸命な姿がありました。阪神大震災を乗りこえ、どん底からはいあがった神戸市立須磨海浜水族園の飼育係たちの姿を追った感動のドキュメント。小学上級以上。

PHP研究所　1997.3　150p　21cm（PHP愛と希望のノンフィクション）　1300円

Ⓝ916　Ⓘ4-569-68038-0

『地しんなんかにまけないぞ──1ねん1くみ子どもの詩の本』

鹿島和夫編，坪谷令子絵

目次 1月17日，のこっとうだけ，大じしん，きびしいじんせい，こわいこと，大きくかわった神戸，ぼくは，かなしい，こわれた家，ひなんばしょ，こまってしまった〔ほか〕

内容 本書の詩は、ぜんぶ神戸の小学校の子どもたちが書きました。友だちの詩集です。阪神大震災。1995（平成7）年1月17日、午前5時46分、大地震が、神戸をおそいました。6，430人もの人がなくなり、43，000人をこえる人がけがをしました。住んでいた家もたおれたり、やけてしまいました。でも、神戸の子どもたちは、けっしてまけることはありませんでした。

理論社　1998.2　93p　21×16cm　1200円　Ⓝ911.568　Ⓘ4-652-03423-7

『シロとのら犬たちの大震災』

野田道子作，藤田ひおこ絵

目次 おかしな気分，数百年に一度の大地震，タスケテー，もうダメだ，救助隊とうちゃく，シロよ，走れ！，避難所で，大げんか，ゆめならさめて，雨のなかの人かげ

内容 大地震で被災するのは人間だけではありません。阪神・淡路大震災では多くの動物たちが、ケガをしたり、命を失ったりしました。そんななか、互いに助けあいながら、人びととふれあい、ガレキの町を生きぬいた犬たちがいたのです。震災から10年、犬たちの勇気と友情に心が震える。

毎日新聞社　2005.1　95p　19cm　1300円　Ⓝ913.6　Ⓘ4-620-20010-7

『大震災にあった子どもたち 1年生 じしん、こわかった』
震災をつたえる会編

目次 ゆめだったらよかったのに，じしんこわかった，だいじょうぶかな，じしんなんかにまけない，やったー！みずがでた，いま、元気に

内容 大地震がおそった。そのおどろき、悲しみ、怒り、家族、友だち、生きものへの思いが、あふれている。子ども自身が語る学年別作文集。1年生を収録。

小峰書店　1996.3　158p　21cm　1500円　Ⓝ816.8
Ⓘ4-338-12801-1

『大震災にあった子どもたち 2年生 めちゃめちゃや、どないしょ』
震災をつたえる会編

目次 こわかった，みんないっしょにねよう，ふつうのくらしにもどりたい

内容 大地震がおそった。そのおどろき、悲しみ、怒り、家族、友だち、生きものへの思いが、あふれている。子ども自身が語る学年別作文集。2年生を収録。

小峰書店　1996.3　150p　21cm　1500円　Ⓝ816.8
Ⓘ4-338-12802-X

『大震災にあった子どもたち 3年生 わすれへん、まけへん』
震災をつたえる会編

目次 まっ暗な中で，やさしかった喜井さんへ，金魚がうごいた！，お水が出た！，元気でがんばっています

内容 大地震がおそった。そのおどろき、悲しみ、怒り、家族、友だち、生きものへの思いが、あふれている。子ども自身が語る学年別作文集。3年生を収録。

小峰書店　1996.3　174p　21cm　1500円　Ⓝ816.8　Ⓘ4-338-12803-8

『大震災にあった子どもたち 4年生 いま、生きてる』
震災をつたえる会編

目次 こわかったあのいっしゅん，生きるって，あたりまえだったことが，もどりたかった，明日に向かって

内容 大地震がおそった。そのおどろき、悲しみ、怒り、家族、友だち、生きものへの思いが、あふれている。子ども自身が語る学年別作文集。4年生を収録。

　　　　　小峰書店　1996.4　166p　21cm　1500円　Ⓝ816.8
　　　　　　　　　　　　　　　　　　　Ⓘ4-338-12804-6

『大震災にあった子どもたち 5年生 人ってあったかい』
　　震災をつたえる会編

目次 ドーン、グラグラグラその時わたしは，「だいじょうぶか」，もしかして，悲しみをのりこえて，明日に向かって

内容 大地震がおそった。そのおどろき、悲しみ、怒り、家族、友だち、生きものへの思いが、あふれている。子ども自身が語る学年別作文集。

　　　　　小峰書店　1996.4　182p　21cm　1500円　Ⓝ816.8
　　　　　　　　　　　　　　　　　　　Ⓘ4-338-12805-4

『大震災にあった子どもたち 6年生 なにがあっても、へこたれん』
　　震災をつたえる会編

目次 悲しみを乗り越えて，「ドーンバキバキ」地震やっ…。，思いがけない体験，通い合う心，くるってしまった生活，強く生きる

内容 大地震がおそった。そのおどろき、悲しみ、怒り、家族、友だち、生きものへの思いが、あふれている。子ども自身が語る学年別作文集。6年生を収録。

　　　　　小峰書店　1996.4　174p　21cm　1500円　Ⓝ816.8
　　　　　　　　　　　　　　　　　　　Ⓘ4-338-12806-2

『てつびん物語──阪神・淡路大震災 ある被災者の記録』
　　奥野安彦写真，土方正志文

内容 震災から12日目、"てつびん"のおばちゃんに出会った。「生きとっただけでめっけもんや。くよくよしたってはじまらん。こうなったら死ぬまでりっぱにいきたるわ。」そういって、おばちゃんは「がはは」とわらった。小料理屋"てつびん"のおばちゃんの、震災との闘いの記録。小学中級から一般。

　　　　　偕成社　2004.12　55p　27×23cm　1800円　Ⓝ369.31　Ⓘ4-03-016390-4

『にいちゃんのランドセル』

城島充著

目次 序章 いつもと同じ夜，第1章 阪神淡路大震災（一月十七日午前五時四十六分，「この下に、息子と娘がいるんだ」ほか），第2章 底のない悲しみ（消せない後悔，はずかしがり屋さん ほか），第3章 新しい命（ある少女の作文，月命日のカレー ほか），第4章 ひきつがれる「思い」（長男と末っ子，英ちゃんの涙 ほか）

内容 阪神淡路大震災で亡くなったにいちゃんが使っていたランドセルをせおって、小学校に通っているとても元気な男の子がいます。そのランドセルには家族の悲しい記憶とあたたかな物語がつまっています。「命」ってなんだろう。

講談社 2009.12 189p 20cm（世の中への扉） 1200円 Ⓝ369.31
Ⓘ978-4-06-215919-7

『はげましをありがとう―子どもたちの震災報告』

西宮市EWC子ども委員会編

目次 震災体験の記録をつくろう！！，'95.1.17午前5時46分ぼくらの町，大地震から学んだこと―6000人の子どもアンケート，はげましをありがとう

小学館 1995.9 48p 27×22cm 1200円 Ⓝ369.31 Ⓘ4-09-290092-9

『はるかのひまわり―震災で妹を亡くした姉が綴る残された者たちの再生の記録〈増補新版〉』

加藤いつか著

内容 平成最後の「歌会始」で詠まれた「ひまはりの種」、その背景には阪神淡路大震災で小学生の妹を失った姉と家族の物語があった。残された中学生の姉の孤独と迷い。会話が絶え、病に倒れる父と母。だが、自宅跡地に偶然咲いた「ひまわり」の種が、人びとの手で神戸から全国へ、そして皇居の庭へと広がり、崩壊した家族を再生へと導いていく。家族が嫌いになったことがある中学生・高校生、そんなわが子にとまどう親、日本中の家族に届く優しいことばに満ちた本。版元廃業に伴い絶版になった本書を増補改訂し緊急復刊。

苦楽堂 2019.3 176P 19cm 1500円 Ⓝ916 Ⓘ978-4-908087-10-3

『「はるかのひまわり」物語』

NHK「はるかのひまわり」取材班著

目次 「はるかのひまわり」物語（崩壊（一九九五年一月十七日），萌芽（一九九五年七月），混沌（一九九六年一月），連帯（一九九六年春），苦悩（一九九七年夏）

ほか），取材者からのメッセージ（「最初の取材者」の迷いと思い，九年ぶりの再会，母娘の「心」に向き合って，いつかさんの「青春メッセージ」，あれから十年、まだ十年 ほか）

内容　人々に勇気と希望を与える花はるかのひまわり―阪神・淡路大震災、家族「再生」の物語。NHKハイビジョン特集「はるかのひまわり―阪神・淡路大震災、大輪の花に託す思い」、NHKにんげんドキュメント「はるかのひまわり―阪神・淡路大震災、家族の10年」の出版化。

日本放送出版協会　2005.6　173p　19cm　1200円　Ⓝ369.31　Ⓘ4-14-081053-X

『阪神淡路大震災ノート 語り継ぎたい。命の尊さ〈新版〉』
住田功一著

目次　1 突然の激震，2 日常から非日常への切り替え，3 亡くなった人たちを記憶にとどめる，4 助かった命失われた命，5 命を救うネットワークづくり，6 語り継ぐこと，7 危機管理意識をもっておこう，8 心の傷を乗り越えて，9 震災の後社会はどう変わったか，10 修学旅行・校外学習で震災を学ぼう，11 調べたことを社会に発信しよう，エピローグ あなたの触れた「震災」を伝えてほしい

内容　私たちは悲しみに向き合い、また、一歩踏み出すしかない。中高生、学校関係者に読み継がれた書を復刊！総合学習、修学旅行のガイドを増補。

学びリンク　2011.4　119p　21cm　1000円　Ⓝ369.31　Ⓘ978-4-902776-57-7

『M7.3―子どもたちの見たもの』
横木安良夫写真，宙出版編

目次　第1章 じしん（震災前夜，その時，火事でやけた町，避難 ほか），第2章 大震災（学校，友達，赤札，神戸のさむい冬 ほか），第3章 10年後の今（将来のゆめ，じじん→地震，また地震がきたら，10年の変化 ほか）

内容　阪神淡路大震災から10年。神戸で生まれ育った10代は今何を思って当時を振り返るのか？小さな体で本能的に感じとった衝撃をインタビュー取材にて再生、収録。

宙出版　2005.1　140p　19cm　1400円　Ⓝ369.31　Ⓘ4-7767-9120-X

『まけるなしんちゃん―阪神大震災の子どもたち』
東海林のり子著

目次　1 一九九五年一月十七日，2 たすけあう市民たち，3 しんちゃんの奇跡，4「いたい、いたい！！」，5 負けてたまるか村―避難所の子どもたち，6 そのとき学校は―避難所の先生，7 早加恵さん、天国からみてるよね―亡くなった子ども

たち，8 リハビリに励むしんちゃん，9 四月、しんちゃん学校へ

内容 手足のケガと、おかあさんの死をのりこえて力強く生きるしんちゃんや子どもたちの感動の記録。1995年刊を新書化。

ポプラ社　2005.1　170p　18cm　（私の生き方文庫 17-1）　650円　Ⓝ916　Ⓘ4-591-08507-4

『読む・知る・話す ほんとうにあったお話 2年生』

笠原良郎，浅川陽子監修

内容 世の中とつながるさいしょの一歩。「にいちゃんのランドセル―1995年1月阪神・淡路大震災」など、かんどうがいっぱいの10のお話。

講談社　2012.10　159p　21cm　880円　Ⓝ913.68　Ⓘ978-4-06-217990-4

◇東日本大震災

『あの日起きたこと―東日本大震災ストーリー311』

ひうらさとる，ななじ眺，さちみりほ，樋口橘，うめ原作絵，山室有紀子文

内容 2011年3月11日、東日本をおそった大地震。あの日、何が起きたのか？あの日から、何が起きているのか？着るはずじゃなかった制服を着て、歩きだす未来ちゃん。避難生活の中でふれた、おんちゃんのやさしさ。福島の小学校で働く女先生。ママを亡くした、6歳のちーちゃん。300人の食と生活を、守りつづけた内田兄弟。被災地の「本当のすがた」をえがいた5つの物語。あの日のことを、私たちは絶対に忘れない。小学上級から。

KADOKAWA　2014.2　157p　18cm　（角川つばさ文庫〔Dひ1-1〕）　600円
Ⓘ978-4-04-631376-8

『いつか帰りたいぼくのふるさと―福島第一原発20キロ圏内からきたネコ』

大塚敦子写真・文

内容 あの日、すべてがかわってしまいました。いくらまっても、だれも帰ってきませんでした。そして、ぼくは、いま、ふるさとを遠くはなれて、東京でくらしています。このお話は、ぼくと家族の物語です。

小学館　2012.11　35p　21×23cm　1500円　Ⓝ369.36　Ⓘ978-4-09-726490-3

『いつか、菜の花畑で―東日本大震災をわすれない』

みすこそ著

目次 祈り―おばあちゃんの願い，喪失―母子家庭の中学生，別離―おじいさん
と犬，後悔―ホスピタル，覚悟―町を守ったおまわりさん，福島―老夫婦の決断，
受容―自衛隊員の見た空，故郷―菜の花畑，再生―エピローグ

内容 ツイッターで広まるや日本中が落涙。ネットで大反響を呼んだ3・11マンガ。
震災報道をもとに描いた、喪失と再生の物語。

扶桑社　2011.9　158p　21cm　952円　Ⓝ726.1　Ⓘ978-4-594-06484-6

『命のバトン―津波を生きぬいた奇跡の牛の物語』

堀米薫著

目次 第1章 農業高校「みやのう」，第2章 みやのうのDNA，
第3章 三・一一，第4章 先生、牛が生きている！，第5章
新たな一歩，第6章 奇跡，第7章 新しい命，第8章 旅立ち，
エピローグ 新たな奇跡

内容 宮城県農業高等学校、通称「みやのう」では、生徒
たちが三十四頭の牛を大切に育てながら、牛のコンテス
ト「共進会」を目指してがんばっていました。ところが、
二〇一一年三月十一日、東日本大震災がおこり、大津波が
「みやのう」におそいかかります。生徒たちだけでなく、牛
の命も守ろうと奮闘した先生たち。その手によって助けられた命は、やがて被
災した人たちに大きなはげましを贈ったのです―。

佼成出版社　2013.3　128p　21cm（感動ノンフィクションシリーズ）　1500円　Ⓝ645.3
Ⓘ978-4-333-02592-3

『上を向いて歩こう！』

のぶみ作

内容 人気絵本作家・のぶみが、東日本大震災の被災地で行ったボランティア
活動記。3月11日、東日本大震災が、東北を襲った。津波は人や町をのみこみ、
おだやかな土地を一瞬にしてガレキの山に変えてしまった。その2週間後、一
般人によるボランティア団体が、宮城県・石巻に入った。見たこともない光景
に、ヘドロの海との格闘。「偽善者アピール！」などの批判に、さまざまな葛藤。
現地の人との交流。ボランティアって、何なのか。真っ向勝負のノンフィクショ
ン。

講談社　2011.7　174p　21cm　980円　Ⓝ726.1　Ⓘ978-4-06-217166-3

『海よ光れ！──3・11被災者を励ました学校新聞』
田沢五月文

内容 東日本大震災の避難所となった小学校で、被災者といっしょに寝泊まりしていた子どもたち。何を感じ、そして自分たちに何ができるのかを考え取り組んだこととは…。子どもたちの思いをつぶさに伝える感動のノンフィクション。

国土社　2023.1　159p　22cm　1400円　Ⓝ913.6　Ⓘ978-4-337-31013-1

『おかえり！アンジー──東日本大震災を生きぬいた犬の物語』
高橋うらら著

目次 第1章 ようこそアンジー，第2章 三.一一の大震災，第3章 逃げまどう人びと，第4章 動き出したアーク，第5章 必死の避難，第6章 おなかがすいた…，第7章 動物たちを救え！，第8章 被災地のペットを預かる，第9章 お願い生きていて！，第10章 二十キロ圏内へ，第11章 福島から遠く離れて，第12章 おかえり！アンジー

内容 2011年3月11日──日本列島を揺るがした東日本大震災、そして、それに伴う原発事故により、大好きな家族とはなればなれになってしまったアンジーという犬がいました。事故が起こった原発から10キロ圏内に取りのこされた、アンジーの運命は…！？犬と家族の、感動のノンフィクション！小学中級から。

集英社　2014.3　185p　18cm（集英社みらい文庫）　620円　Ⓝ369.31
Ⓘ978-4-08-321203-1

『お米が実った！──津波被害から立ち上がった人びと』
小泉光久著

目次 1 支え合った日々，2 なんとかお米を作りたい，3 人の出会いと経験が力となる，4 震災の地で農業が始まった，5 みんなで作った田んぼが生きた，6 明日へ向かっての一歩，7 ともした明かりをすべての人々へ

内容 二〇一一年三月十一日、東日本大震災の津波で海水をかぶった田にはたくさんの塩が残りました。家をうばわれ、少ない食べ物をわけあう中、農家は必死の思いで田植えを行いました。そして、秋にお米は実ったのです。その奇跡をふり返ります。

汐文社　2014.2　142p　19cm　1500円　Ⓝ616.2　Ⓘ978-4-8113-2060-1

『お空から、ちゃんと見ててね。──作文集・東日本大震災遺児たちの10年』
あしなが育英会編

目次 第1章 津波が来るなんて──「あの日」の作文（こんなふうにくさった人は

父じゃない，3月10日までは、いい日だったね。 ほか），第2章 ママがいてほしいとき―「その後」の作文（「あなたのことを思っていたんだよ」／水びたしの町，家族の前でも泣かない／自分の道を切り開いていく ほか），第3章 歩き出す準備は整った―「10年間」のインタビュー（大野康太，高橋さつき ほか），第4章 人生を好きでいたい―「これから」の手記（死をもって生を想う，太陽のような父を亡くして ほか），第5章 てんごくのパパへ、ママへ―「ありがとう」の手紙（おとうさんへ，東日本大しんさいでなくなったパパへ 大すきなパパのむすめより ほか）

内容 病気や災害、自死などで親を亡くした遺児の進学を支えているあしなが育英会。経済的な支援だけではなく、深い傷を負った子どもたちの心のケアにも力を入れてきた。本書は、東日本大震災遺児たちがケアプログラムの一環として綴った10年分の作文を中心に、手記やインタビュー、手紙をまとめた作文集だ。子どもたちの素直な言葉の数々から、彼らが何に悩み、傷つき、力を得て、前を向き歩んできたのか、心の軌跡をたどる。

朝日新聞出版　2021.2　207p　19cm　1100円　Ⓝ369.31　Ⓘ978-4-02-251748-7

『思い出をレスキューせよ！―"記憶をつなぐ"被災地の紙本・書籍保存修復士』

堀米薫著

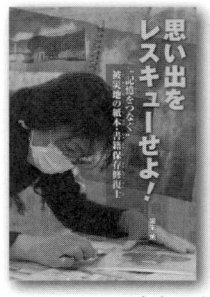

目次 第1章 大船渡の海を見て、世界へ，第2章 大船渡にもどってからの日々，第3章 東日本大震災，第4章 思い出の品をレスキューせよ！，第5章 写真の記憶をつなぐ，第6章 おかえりプロジェクト，第7章 紙本が受けつぐ命，第8章 流された魚籃観音

内容 写真、本、手紙や書き物、賞状…、長い時間を生きのびてきた紙には、人々の記憶まで残されている。東日本大震災の被災地や、全国のボランティア団体などで進められた、被災した写真を救う「写真洗浄」。

くもん出版　2014.2　111p　21cm　1400円　Ⓝ369.31　Ⓘ978-4-7743-2234-6

『かがやけ！虹の架け橋―3.11大津波で3人の子どもを失った夫妻の物語』

漆原智良著

目次 第1章 地震が起こる前（石巻から東京へ，木工所で働きたい，ふるさと石巻へ，明るい家庭），第2章 津波にのまれて（わが家にもどれない、街が消えた，子どもをさがしに），第3章 地震のあと（避難所のリーダー，あかずの部屋，テ

イラー文庫，チームわたほい），第4章 虹の架け橋（虹の架け橋第一号，虹の架け橋第二号・第三号）

内容 東日本大震災で，わが子3人を失った、遠藤さん夫妻。生きる望みを失いかけたふたりを支えたのは、木工遊具「虹の架け橋」だった。木工遊具の製作を通して、人が悲しみに直面しながらも生きていく姿を描く、著者渾身のノンフィクション。

アリス館 2019.3 111p 19cm 1300円 Ⓝ369.31
Ⓘ978-4-7520-0886-6

『ガールズ1000人のリアル震災体験─「東日本復興応援」プロジェクト 届けたい！伝えたい！私たちからのメッセージ』

「魔法のiらんど」編

内容 2011年8月から「魔法のiらんど」東日本大震災特設ページに投稿がはじまり、またたく間に大反響となった1900通に及ぶ、全国の女の子たちのリアルな声を書籍化。みんなからの届けたい！伝えたい！メッセージやエピソードのほか、応援写メや震災に対する意識調査アンケートも収録。

アスキー・メディアワークス，角川グループパブリッシング〔発売〕 2011.11 245p
19cm 1000円 Ⓝ369.31 Ⓘ978-4-04-886115-1

『がれきの中で本当にあったこと─わが子と語る東日本大震災』

産経新聞社著

目次 被災地に生きる（お年寄り救った少年は「1・17」生まれ，亡き母、甲子園に連れていく ほか），人が死ぬということ（がれきの海「捜しようもない」，妻子失った市職員「負けないで」のメッセージ ほか），プロの誇り（津波に向かい命捧げた駐在さん，山岳用ランプで診察する開業医 ほか），「あの日」の光景（3・11翌朝、被災地上空，3・12被災地を歩く ほか）

内容 この本は、震災発生以来、産経新聞の記者たちが、被災地から送り続けた人間ドラマ48本を読みやすくまとめたものです。そこにあるのは、悲しみに暮れる物語ばかりではありません。亡き母に甲子園出場を誓う少年、妻子を失いながら黙々と働き続ける市職員、プロの仕事に徹して原発復旧にあたる人々など、がれきの街の中で前向きに生きる人々もたくさん描かれています。

産経新聞出版，日本工業新聞社〔発売〕 2011.6 199p 19cm 1200円 Ⓝ369.31
Ⓘ978-4-8191-1130-0

『きずなを結ぶ震災学習列車―三陸鉄道、未来へ』

堀米薫文

目次 第1章 三年目の三・一一，第2章 三鉄は、おらが鉄道，第3章 東日本大震災，第4章 いっこくも早く、走らせよう！，第5章 風化って何だ？，第6章 震災学習列車が発車します，第7章 南リアス線の復旧，第8章 きずなを結ぶ震災学習列車

内容 岩手県の海ぞいを走る三陸鉄道では、東日本大震災後、「震災学習列車」を運行しています。この列車に乗ると、地震と津波で受けた被害のあとや、復興していく被災地のようすを見ることができます。そして、被災した人たちの思いや願いを、生の声で聞くことができるのです。そこでは、どんなことが語られているのでしょうか―。

佼成出版社 2015.2 127p 21cm（感動ノンフィクションシリーズ） 1500円
Ⓝ686.2122 Ⓘ978-4-333-02702-6

『きみは「3.11」をしっていますか？―東日本大震災から10年後の物語』

細野不二彦まんが，平塚真一郎ノンフィクション，井出明まとめ，河北新報社特別協力

目次 第1章 まんが 石ノ森萬画館の5日間―ドキュメント石ノ森萬画館復興へのみちのり，第2章 ノンフィクション 天国の笑顔のために，第3章 インタビュー 被災地の「声」―地元紙が集めた41人の今，第4章 データ ○○で見る3・11，第5章 まとめ 死の意味と復興の力強さ

内容 きみと、きみたちと、なくなったたくさんの「命」が永遠に幸せでありますように。豊富なカラー記事とデータで「3.11」がわかります。

小学館 2021.2 191p 19cm 1400円 Ⓝ369.31
Ⓘ978-4-09-227243-9

『今日よりは明日はきっと良くなると―愛犬・太刀と暮らした16年』

茂市久美子著

内容 岩手県大槌町の小畑幸子さんは、2011年の東日本大震災によって、一人息子と夫を失いました。幸子さん自身も、乳ガンになったり、大けがをしたり、たいへんなことばかりが続きます。そんな中、心の支えになったのは、自分の気持ちを「短歌」という形で書きとめること。そして、愛犬「太刀」がいることでした―。小学中級から。

講談社 2018.2 156p 19cm（世の中への扉） 1200円 Ⓝ289.1 Ⓘ978-4-06-287033-7

『心のおくりびと 東日本大震災 復元納棺師—思い出が動きだす日』

今西乃子著，浜田一男写真

目次 1 その時，2 納棺師，3 遺体復元，4 絶えることなき涙，5 遺体安置所，6 さまざまな思い，7 支援のバトン，8 新たな出会い，9 人はつながっていたい生きものです

内容 「うん，ママだ…ママだ…」2011年3月11日，東日本大震災。津波がうばった母親の面影を、ひとりの女性が生前の姿にもどしていく。何時間もかけて、ていねいに、絶対に元にもどすと思いながら。その手で復元された生前の姿に、家族はようやく涙を流し、子どもたちはお別れを告げることができるようになる。人の最後の姿は、残された家族の今後を決める。被災地にボランティアで入り、遺族の思いが動きだす瞬間を見てきた復元納棺師の記録。

金の星社 2011.12 157p 21cm（ノンフィクション 知られざる世界） 1300円
Ⓝ369.31 Ⓘ978-4-323-06088-0

『子どもたちの3・11—東日本大震災を忘れない』

Create Media編

目次 第1章 岩手県からの声—7万本の松が流された高田松原に1本だけ残った松が復興の象徴に（見渡せば、がれきの海だ，初めて命に終わりが来ることを知りました ほか），第2章 宮城県からの声—津波が運んだヘドロのにおいが授業中の教室に入ってきた夏…（中学校のまわりは湖に，クラスの子が津波で亡くなった。自分を責め続けた ほか），第3章 福島県からの声—なぜ東京の人のための原発で福島の人が苦しまなければいけないの（原発事故で自分の家に入れない，家で好きなことを自由にやってる人がうらやましい ほか），第4章 茨城県からの声—報道から外されがちな関東にも被災者はたくさんいたんだよ…（わたしが生まれてから一番こわいと思ったこと，神様からの命の課題 ほか）

内容 子どもの命を預かるあなたへ、44人の10代が綴った被災体験。

学事出版 2012.4 207p 19cm 1500円 Ⓝ369.31 Ⓘ978-4-7619-1894-1

『災害救助犬じゃがいも11回の挑戦—あきらめない！』

山口常夫文

目次 第1章 東日本大震災で行き場を失った犬たち，第2章 試験にいどむ、何回も何回もいどむ，第3章 10回、試験に落ちたけれど，第4章 災害救助犬として

内容 ふるさと・福島のみんなのために失敗ばかりだったけど、がんばった！11回目の災害救助犬の試験にいどむ、被災犬・じゃがいもの物語。

岩崎書店 2019.11 143p 22cm 1300円 Ⓝ369.3
Ⓘ978-4-265-84020-5

『災害救助犬レイラ』

井上こみち著

目次 第1章 東日本大震災発生（豊かな自然にかこまれて，二〇一一年三月十一日，災害救助犬レイラ，出動，いざ，被災地へ），第2章 赤い旗（死んでしまった町並み，無言の発見，静かな空，遺体のある場所に立つ赤い旗，嗅覚への不安，ねぎらい，消防団員の背中，うちの孫をさがして！），第3章 発見！生きている（レイラ，はげまされる，七十二時間の壁，生きている人を発見，必死の捜索を続ける，一週間をおえて），第4章 レイラと出会う（災害救助犬とは，犬と信頼しあえる仕事につきたい，災害救助犬との出会い，阪神・淡路大震災で痛感したこと，レイラと出会う，レイラ，災害救助犬になる，指導手の責任，迷子捜索の名犬），第5章 明日を信じて（復興のきざしの野馬追，震災をふりかえる，レタルとともに）

内容 2011年3月11日、東日本大震災が発生すると、災害救助犬レイラは、いちはやく被災地にかけつけました。災害救助犬の役割は、すぐれた嗅覚をいかして生存者をさがしだすこと。岩手県大船渡市から宮城県気仙沼市まで、一週間におよぶ捜査活動がはじまりました。小学上級から。

講談社 2012.6 155p 20cm（世の中への扉） 1200円 Ⓝ369.3 Ⓘ978-4-06-217508-1

『災害で消えた小さな命』

うさ著

目次 序章 2011年3月11日 星になった小さな命，第1章 大切な家族（不思議な出来事，人も動物も同じ家族，思い出の写真も失ってしまった方からの申し込み，災害で消えた小さな命展），第2章 救えたはずの命（命に対する価値観，排除する心，「人命優先」という言葉の陰に亡くなった人の命，ライフラインが途切れた日，ペット同室避難，災害時のペットの避難，災害時の備え 災害発生時にあわてないために）

内容 災害が起こった時、私たちはどんな行動を取ればよいのか？動物も人間と同じ、大切な家族。「災害で消えた小さな命展」は、さまざまな災害により命を落とした動物たちの飼い主の方からの依頼を受けて、絵本作家、画家、イラストレーター約100名が描いた絵の展覧会。排除する心を持たないで！私たちの価値観ひとつで、救える命はたくさんあるのです。

毎日新聞出版 2020.2 95p 21cm 1600円 Ⓝ645.9 Ⓘ978-4-620-32620-7

『サケが帰ってきた！─福島県木戸川漁協震災復興へのみちのり』

奥山文弥著，木戸川漁業協同組合監修

目次 第1章 僕はサケが好き─少年が見つけた夢と希望（初めての釣り，水産高校へ ほか），第2章 混乱の中で…─木戸川漁協がどんな被害を受けたのか（地震，津波 ほか），第3章 復興への取り組み─具体的な復興計画と漁協の取り組み（仮事務所での日々，漁協の決意 ほか），第4章 サケが帰ってきた！─5年ぶりに迎えたサケの遡上（モニタリングの結果、サケに問題はない，線量の変化 ほか）

小学館　2017.10　165p　20cm　1300円　Ⓝ664.61　Ⓘ978-4-09-227191-3

『3・11後を生きるきみたちへ─福島からのメッセージ』

たくきよしみつ著

目次 第1章 あの日、何がおきたのか，第2章 日本は放射能汚染国家になった，第3章 壊されたコミュニティ，第4章 原子力の正体，第5章 放射能よりも怖いもの，第6章 エネルギー問題の嘘と真実，第7章 3・11後の日本を生きる

内容 地震列島・原発列島に住む私たちは、これからどんな生き方をしていけばいいのか？どんな社会をつくっていけばいいのか？福島第一原発南西の川内村で、3・11の大地震とつづく原発事故を体験した著者は、東電・政府・自治体や住民の動きを目を凝らして見てきた。その見たもの・聞いたこと・考えたこと。

岩波書店　2012.4　226，12p　18cm（岩波ジュニア新書）　820円　Ⓝ369.36
Ⓘ978-4-00-500710-3

『3・11震災を知らない君たちへ』

鈴木利典著

目次 第1章 津波にさらわれた町，第2章 奇跡の生徒，第3章 笑顔のみなもと，第4章 ミスマッチのはなし，第5章 恩送り，第6章 明日のために…

内容 半分被災者、半分支援者からのメッセージ。災害はこれからも起きる。もし自分が被災者になったなら…。もし自分が支援する側の立場だったなら…。その時、どうしたらよいのか。被災地で子どもたちと支援者に向き合った著者が、震災を知らない子どもたちに優しく語りかける。

ぱるす出版　2022.10　220p　19cm　900円　Ⓝ369.31　Ⓘ978-4-8276-0267-8

『16歳の語り部』

雁部那由多，津田穂乃果，相澤朱音語り部，佐藤敏郎案内役

内容 16歳の今しか、伝えられない言葉がある。東日本大震災から5年。あの日、小学5年生だった子どもたちが見据える3.11後の未来。

ポプラ社　2016.2　220p　19cm　1300円　Ⓝ916　Ⓘ978-4-591-14822-8

『震災を語り伝える若者たち──みやぎ・きずなFプロジェクト』

瀬成田実著

目次 1部 ミユウとユウミ 語り部誕生の物語（震災の記憶を伝える──紙芝居に託した若者たちの思い，「つらくてもやってみたい」──14歳の震災語り部誕生），2部 ふるさと・復興・future／Fプロジェクト始動（地元七ケ浜の復興を支える中学生プロジェクト），3部 社会科教師として取り組んだいのちの学習（今、震災学習の意味を問う），4部 地域とともに未来に生きる（未来を照らすおとなたちに支えられて，高校卒業後も将来に続く学び，若者の人生を地域で支える中学校教師）

内容 いのちがまんなかFプロジェクト。ふるさと・復興・future、地域とともに未来に生きる。

かもがわ出版　2022.3　177p　21cm　1800円　Ⓝ369.31　Ⓘ978-4-7803-1211-9

『震災が教えてくれたこと──津波で家族3人を亡くした新聞記者の記録』

今野公美子著

目次 1 三月十一日，2 おじからの電話，3 秋田から仙台へ，4「がれき」の山となった荒浜，5 遺体安置所，6 遺体確認，7 感謝の思い，8 知らなかった家族のこと，9「きずな」と幸せな子ども時代，10 命とは，11 復興と遺族の思い，12 伝えていくこと

内容 東京駅構内のテレビでは、仙台平野に巨大な津波が押し寄せ、家をなぎ倒し、田畑をのみこむ映像が流れていた。その瞬間「これはだめだ」と思った。その映像を見るまでは、仙台にいるであろう家族をむかえに行くつもりだった──。悲しみの中で気づいた人のやさしさ。犠牲者の遺族になった朝日小学生新聞の記者が、家族の情報を求め、奔走した日々の記録。

朝日学生新聞社　2012.2　181p　19cm　1000円　Ⓝ369.31　Ⓘ978-4-904826-44-7

『震災7日間』

槻月沙江著

内容 ヲタ主婦、仙台で震災に遭う。3.11東日本大震災直後ネットにラフ画がアッ

プされ大きな感動を呼んだ、「震災7日間」ペン入れ完成版。

プレビジョン，角川グループパブリッシング〔発売〕 2011.9 118p 21cm 1300円
Ⓝ726.1 Ⓘ978-4-04-894090-0

『震災日記 津波に負けない──大沢の子どもたちが綴った3・11からの一年間』

山田町立大沢小学校震災日記編集部編

内容 町をうばった圧倒的な力をまえに、子どもたちはなにをみて、なにを感じてきたか。──内閣総理大臣賞受賞の学校新聞を発行する大沢小の子どもたちによる「毎日小学生新聞」大反響連載。

毎日新聞社 2012.4 285p 21cm 1600円 Ⓝ369.31 Ⓘ978-4-620-32129-5

『世界はとつぜん変わってしまう？──もし、「あたりまえ」の毎日が、ある日とつぜんうしなわれたら？をかんがえる本。』

百瀬しのぶ文，なみごん絵，雁部那由多，小林純子，阿部彩〔述〕

内容 食べもの、いつも着てる服、お気に入りのかばん。家、かぞく、友だち。学校生活に、行事に部活。もし、ある日とつぜん、ぜんぶなくなってしまったら…そう、考えたことはありますか？2011年3月11日。ここ・日本で起きたとても大きな地震、東日本大震災は、多くの人の「あたりまえ」をうばっていった災害でした。世界がとつぜん変わってしまうような出来事に、どう向きあっていたのでしょう？小学生のダイキ・ミサキといっしょに、話をきいてみませんか？小学中級から。

KADOKAWA 2022.2 231p 18cm（角川つばさ文庫〔Dも1-3〕） 740円 Ⓝ913.6
Ⓘ978-4-04-632084-1

『大震災！！イヌ、ネコを救え──車イスで救援活動』

奈佐誠司著

目次 火の中へはいっていったシーズー犬，たすけてと言えない動物たち，動物たちを救いたい，一月十八日から十九日まで，自衛隊がうごいた，緊急マークがもらえない，医師たちがきてくれた，たすけられなかった小鳥，ポメラリアンの出産，いちばんよわいイヌをください〔ほか〕

内容 燃え上がる神戸で迷う犬を見て、ぼくは思った。オリに入れられクサリでつながれたペットたちは逃げられない。だれかが助けなきゃ。どうにかしなきゃ。しなければ一生こうかいするだろう。仲間によびかけ無我夢中でイヌをネコを助けた。テントに保護した。里親さんをさがして生きていける場所をつくった。命はひとつひとつ輝いている。人間だって動物だってみんな同じ、ひ

とつの命じゃないか。大震災に神戸で、動物を救うボランティアをした『あいのカエル』の感動の記録。

ポプラ社　1996.5　198p　21cm（ポプラ社いきいきノンフィクション〔14〕）　1200円
Ⓝ916　Ⓘ4-591-04990-6

『助かった命と、助からなかった命─動物の保護施設ハッピーハウス物語』

沢田俊子文，野寺夕子写真

目次 プロローグ─生まれたばかりの子犬の命，命を守る舞台（ハッピーハウスって、どんなところ？，ハッピーハウスを作ったきっかけ），命を守る現場（助かった命と、助からなかった命，ぎゃくたいされていた犬のトコ，ホームレスが飼っていた犬、バード，最期まで介護を─フィガロハウス，東日本大震災で、犬やねこたちは…），ハッピーハウスを応援してくれる人たち，エピローグ─ハッピーハウスと子どもたち

内容 大阪にあるハッピーハウスは、行き場のなくなった動物たちを保護し新しい飼い主をさがす団体で、約600頭の動物が生活する。その多くは飼い主にすてられたり、ぎゃくたいされたり、高れいで飼えなくなったりした犬やねこたちだ。そんな動物たちの命の物語…。

Gakken　2018.2　115p　21cm（動物感動ノンフィクション）　1400円　Ⓝ645.6
Ⓘ978-4-05-204716-9

『津波をこえたひまわりさん─小さな連絡船で大島を救った菅原進』

今関信子著

内容 平成二十三年三月十一日─。宮城県北東部の海にうかぶ大島を巨大な津波がおそいました。大島と本土の気仙沼港を結ぶ連絡船「ひまわり」の船長、菅原進さんは、「このままでは島が孤立する！」と、「ひまわり」と共に、津波を乗り切る決心をしますが…。震災後、大島の人びとの大きな支えとなった「ひまわり」のすがたを通して、島民が一丸となって歩んだ復興への道のりを追います。小学校中学年から。

佼成出版社　2012.7　128p　21cm（感動ノンフィクションシリーズ）
1500円 Ⓘ978-4-333-02546-6

『「つなみ」の子どもたち─作文に書かれなかった物語』

森健著

内容 18万部のベストセラーとなった作文集から生まれた、10の家族の喪失と再生のドキュメント。作文を書いてくれた子どもたちの「その後」。

文藝春秋　2011.12　286p　19cm　1400円　Ⓝ369.31　Ⓘ978-4-16-374680-7

『津波の日の絆──地球深部探査船「ちきゅう」で過ごした子どもたち』

小俣珠乃文，田中利枝絵

内容 2011年3月11日。その時に起こった実際の物語。青森県八戸市の小学校の生徒たちは地球深部探査船「ちきゅう」の見学に訪れていました。見学が間もなく終わろうとしていた時、大きく長く続く地震が発生し、その後、津波が八戸港にも襲来しました。船内の大人たちも不安になる中、生徒たちが取った行動とは？震災という試練の中で生まれた心の交流を描きました。

冨山房インターナショナル　2019.3　47p　27×22cm　1800円　Ⓝ369.31
Ⓘ978-4-86600-061-9

『つなみ──被災地の子どもたちの作文集 完全版』

森健著

内容 18万部のベストセラー『つなみ』完全版。岩手、宮城、福島の子どもたち総勢115人の感動の作文集。大宅壮一ノンフィクション賞受賞作。

文藝春秋　2012.6　223p　26cm　1300円　Ⓝ369.31　Ⓘ978-4-16-375420-8

『デニムさん──気仙沼・オイカワデニムが作る復興のジーンズ』

今関信子文

目次 第1章 最愛の人を失う（自動車にゆられながら，和から洋へ ほか），第2章 不況の波にのまれる（仕事がない，ピンチをチャンスに），第3章 津波にみまわれた（三月十一日，午後二時四十六分，工場が避難所に ほか），第4章 避難所から生まれたもの（ひらめきは雑談から，メカジキジーンズ ほか），第5章 新たな出発（バトンをわたす，大波小波をこえていけ）

内容 宮城県気仙沼市にある縫製工場・オイカワデニムは、地元の人たちから「デニムさん」とよばれて親しまれています。その高い縫製技術は、今や世界的に知られるようになりましたが、そこにいたるまでには、社長の死や世界経済の変化、そして東日本大震による津波の被害など、さまざまな困難がおそいかかってきました。「デニムさん」は、それをどうやって乗りこえてきたのでしょうか。オイカワデニムの歩みを追います──。

佼成出版社　2018.7　128p　21cm（感動ノンフィクションシリーズ）　1500円　Ⓝ589.213
Ⓘ978-4-333-02780-4

『21人の輪―震災を生きる子どもたちの日々』

杉浦大悟著

目次　第1章 14人ではじまった新学期，第2章 避難所での友情，第3章 500キロ離れた約束，第4章 仮設と夏休みとハンバーグ，第5章 いつもと違う秋，第6章 わたしの磯部小学校，第7章 20年後の同窓会，第8章 すべてが変わってしまった年，第9章 あの日から1年，第10章 さようなら磯部小学校

内容　東京電力福島第一原発から38キロの距離にある相馬市立磯部小学校。その6年生が被災の痛手を負いながらも、友達や先生との絆を支えに、少しずつ前向きに生きる姿を取り戻し、卒業していく―。被災地の現状と子どもたちの心の動きを1年にわたって記録した、静かな感動をもたらす、みずみずしいノンフィクション。

NHK出版　2012.10　270p　19cm　1400円　Ⓝ369.31　Ⓘ978-4-14-081557-1

『野馬追の少年、震災をこえて』

井上こみち著

目次　第1章 いったい、何が起こったのか，第2章 見えない恐ろしさ，第3章 はじめての場所で野馬追行列，第4章 もうひとりの母は、馬の先生，第5章 今、生きている命，第6章 駿斗、立ち上がる

内容　ふるさと南相馬が、東日本大震災で一変。あたりまえと思っていた日常と、地域をひとつに結ぶ伝統行事の大切さに気づいた少年が、大きく成長していく感動実話。小学校高学年・中学生向け。

PHP研究所　2015.3　157p　22×16cm（PHP心のノンフィクション）　1400円　Ⓝ386.126
Ⓘ978-4-569-78454-0

『のら猫の命をつなぐ物語 家族になる日』

春日走太文

目次　プロローグ おむつをした猫，第1章 三回、巣立っていったおくびょう猫・ロビン，第2章 きせきをおこして家族になった、あごのない猫・ラク，第3章 難病をかかえた"乳飲み子"・こぐたんはどこへ行く！？，第4章 原発事故の被災地からやってきた猫・かりね，第5章 にじの橋をわたって、天国にいった猫・フラン，エピローグ ミエルが家族になる日

内容　東京のとある場所に、心あたたまる猫の保護施設があります。ここには障がいや病気など、様々な事情を持つのら猫たちと、そののら猫たちを見守るス

タッフやボランティアさんが集まってきます。この場所で新しい家族にめぐり
あえて、"のら"じゃなくなる猫たちとそこにかかわる人々のすがたを描いた、
心あたたまる物語です。

Gakken　2017.3　157p　21cm（動物感動ノンフィクション）　1400円　Ⓝ645.7
Ⓘ978-4-05-204484-7

『はやく、家にかえりたい。──福島の子どもたちが思ういのち・かぞく・
みらい』

鎌田實監修，ふくしま子ども未来プロジェクト編

内容　「早く放射能がなくなったらいいな」福島の子どもたちは原発事故をどう
受け止めているのか。家族や友だちと離れ離れのくらし、放射能への不安、終
わりの見えない避難生活。警戒区域に暮らしていた子どもたちが、あの時、今日、
未来を綴ってくれました。

合同出版　2012.5　127p　21cm　1300円　Ⓝ369.36　Ⓘ978-4-7726-1080-3

『東日本大震災99人の声　あの日のわたし』

あの日のわたし編集委員会編

目次　最優秀作品 陽のあたる場所（石塚小夏），優秀作品 お父さん（綱木みゆき），
優秀作品 陽はまたのぼり、くりかえす（目時和哉），優秀作品 新たな出発（本
田剛彦），優秀作品 大津波を逃れて（佐藤ゆう子），特別受賞作品 小美玉市立
玉里小学校六年生17名の作文集，東日本大震災における帰宅困難者（帰宅難民）
を体験して（木村雄三郎），知人たちの様子から学ぶ恐怖（細江隆一），日本人
のすばらしさに感動（菅原廣次），地下に住む怪獣が大暴れした日（吉田幸代）〔ほ
か〕

創栄出版，星雲社〔発売〕　2011.10　225p　21cm　1429円　Ⓝ369.31
Ⓘ978-4-434-16009-7

『東日本大震災　伝えなければならない100の物語 ①　その日』

学研教育出版編

目次　がれきと炎の海を乗り越えて。─老舗旅館主人の生還と救助活動，地震と
津波と吹雪の中で。─仙台市立荒浜小学校の救出劇，俺は、生きなければならな
い。─取り残されたビルの屋上からの生還，光に向かって、生きたいと強く
願った。─津波の底からの生還，おばあちゃんの分まで、笑顔で生きる。─少
女の静かな決意，避難所の寒い夜を、明るく照らす。─電気店がともしつづけ
た希望の光，続けましょう。子どもたちのために。─大槌保育園「その日」か
ら再開の日まで，すべてをマイナスにしたくない。─13歳、柔道少年の決意，

一人ひとりの心に、花で寄り添う。―岩手県大船渡市花屋の思い，この教訓を、次の世代へ伝えねばならない。―青森県を襲った津波

内容 東日本大震災を経験した人々への取材をもとにまとめた100の物語。1は、被災各地における地震発生からの24時間に着目し、その中で必死に生きようとした人々の姿を取り上げる。

Gakken 2013.2 239p 19cm 1600円 Ⓝ369.31 Ⓘ978-4-05-500990-4

『東日本大震災　伝えなければならない100の物語 ② 明けない夜はない』

学研教育出版編

目次 もうこれ以上、誰にも死んでほしくない。宮城県志津川病院の若き医師の奮闘，陸からやってきた津波―福島県須賀川市藤沼ダム，いえない悲しみを乗り越えるために。―未来への毎日を積み重ねる，揺れの2時間半後にやってきた津波―千葉県で起こった奇跡の生還物語，緊急避難命令。大至急、高台に避難せよ。―町を救った町長と消防士たち，人と人とのつながりこそが、最高の災害対策―千葉県浦安市「富岡エステート」のきずな，今だからこそ、行かねばならない。―東京から被災地に赴任した教師，音楽でなら、語れないことも語れる。―壊れた楽器を直しつづけた男，使命として、わたしたちは震災を語り継ぐ。―「やまもと民話の会」，ただいま。すばらしき日本よ。―被災地に戻ったアメリカ人英語教師

内容 東日本大震災を経験した人々への取材をもとにまとめた100の物語。2は、東北3県にとどまらず、広範囲にわたり被害が及んだ大震災。首都東京の大混乱の様子や千葉県の津波被害を取り上げる。

Gakken 2013.2 239p 19cm 1600円 Ⓝ369.31 Ⓘ978-4-05-500991-1

『東日本大震災　伝えなければならない100の物語 ③ 生きることを、生きるために』

学研教育出版編

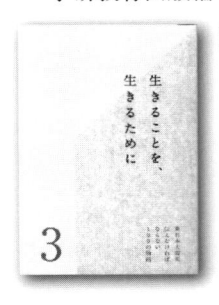

目次 そこには、何も、なかった。―救助ヘリから見た被災地，今がんばらなくて、いつがんばるんだ。―陸上自衛隊決死の救助活動，船上で行われた卒業式―大島の子どもたちと海上自衛隊，「普通の生活」を取り戻すために。―救急救命士家族と仕事のはざまで、何がなんでも、この命を救う。―石巻赤十字病院の奮闘，無事を祈り、信じ続けて。―母と娘4日目の再会，絶望と希望の間を漂いながら。―死地からの生還物語，これが、今、自分ができること。―タクシー運転手の機転から始まった救援活動，もらった善意は、み

んなで分ける。―支援する避難所「明友館」，避難所で生まれた、新しい命

内容 東日本大震災を経験した人々への取材をもとにまとめた100の物語。3は、九死に一生を得た被災者、命をかけて救命活動を行う自衛隊、消防隊、医療関係者の奮闘を取り上げる。

Gakken 2013.2 239p 19cm 1600円 Ⓝ369.31 Ⓘ978-4-05-500992-8

『東日本大震災　伝えなければならない100の物語 ④ 助け合うこと』
学研教育出版編

目次 祈る以上に、自分ができることをしたい。―元エリート銀行マンのボランティア活動，続ける。この町が復興するその日まで。―七ヶ浜ボランティア奮戦記，チーム神戸、東北へ。―あの日の感謝を忘れない，わたしたちは伝えなければならない。―石巻日日新聞「6枚の壁新聞」，街をつなげる。善意を運ぶ。必ず。全力で。―岩手県交通バスの奮闘，希望の声を届け続けて。―災害ラジオ「FMみなさん」の300日，何かをしたいという思いを一つに集める。―日本最大級の物資支援プロジェクト，全力で、あなたたちを助けます。―アメリカ海兵隊オペレーション「トモダチ」，いっしょに働き、悩み、そして笑うために。―京都弁のロバート三陸へ，時を越え、海を越えた友情と愛情。―女川町とカナダ・ネルソン市の交流

内容 東日本大震災を経験した人々への取材をもとにまとめた100の物語。4は、『石巻日日新聞』の「6枚の壁新聞」など、ボランティアや支援が広がり、人々が助け合う姿を取り上げる。

Gakken 2013.2 239p 19cm 1600円 Ⓝ369.31
Ⓘ978-4-05-500993-5

『東日本大震災　伝えなければならない100の物語 ⑤ 放射能との格闘』
学研教育出版編

目次 大空から注ぐ、希望の水。―陸上自衛隊ヘリ部隊、決死のミッション，これは国の命運をかけた任務である。―ハイパーレスキュー隊、出動。そして帰還，遠く離れた街で、前を向いて生きる。―東京へ引っ越した家族の物語，誰もいない町へ。―決死の一時帰宅，夢がある。郷土への思いもある。―だから、私は、そこへ戻る。，みなさんに、福島の人は見えていますか?―自主避難をした主婦の、静かな訴え，歌う。自分のため、仲間のため、未来のために。―南相馬少女合唱団の全国大会，感謝の思いを抱き、前に進む。―福島県いわき市フラガールの復活，よみがえれ。私たちの海よ。―「アクアマリンふくしま」の再オープン，福島に希望の光を咲かせる。―「いわき万本桜プロジェクト

Gakken 2013.2 239p 19cm 1600円Ⓝ369.31
Ⓘ978-4-05-500994-2

『東日本大震災　伝えなければならない100の物語 ⑥ 絆』

学研教育出版編

目次 人に喜んでもらうこと。それが一番の幸せなんだ。―ラーメン「五福星」まごころの炊き出し，冷たい海の底で静かな奮闘。―海上保安庁潜水士たち，絶望している人を、絶対に放ってはおけない。―一万人の心に寄り添った精神科医，できることから、はじめよう。―ママネットワークが広げた「ありがとうの輪」，駆けつけた全国の鉄道会社からの応援。―東北新幹線わずか49日での復旧，5000人分の焼肉を東北へ。―九州宮崎県「チーム小林47」の恩返し，寄り添い、見守り、支援のバトンをつなぐ。―遠野まごころネット「お茶っこ隊」，未来につながる学びを後押しする。―自習支援スペース「TERACO」，被災地に雇用を。新工場は福島に建てる。―愛知三笠製作所の決断，できることをできるだけ長く続ける。―癒しのプロ集団「チーム恵比寿」

Gakken　2013.2　239p　19cm　1600円
①978-4-05-500995-9

『東日本大震災　伝えなければならない100の物語 ⑦ 希望をつむぐ』

学研教育出版編

目次 俺たちが希望の光になろう。―ベガルタ仙台、過去最高の大躍進，レールをつなげ。希望よ、つながれ。―三陸鉄道復興への一歩一歩，悲しみを乗り越え、新しい島へ。―田代島にゃんこ・ザ・プロジェクト，故郷を愛し、未来を信じる。―大槌町「赤武酒造」の復活，一球一球に感謝の思いをこめて。―東北高校野球部春の甲子園，避難所に花開いたにぎわい―商店街「たろちゃんテント」の奇跡，震災を語り継ぐため、音色を再び。―津波にさらされたグランドピアノ，「奇跡の一本松」に、永遠の命を。―一本の松にこめた、復興への決意，人々の優しさが、かなえた夢―姫花ちゃんのハンカチ,鎮魂のために。未来のために。―陸前高田「うごく七夕まつり」

内容 東日本大震災を経験した人々への取材をもとにまとめた100の物語。7は、ベガルタ仙台、商店街「たろちゃんテント」など、街や産業の復興に向けて自ら動き始める人々の様子を取り上げる。

Gakken　2013.2　239p　19cm　1600円　Ⓝ369.31　①978-4-05-500996-6

『東日本大震災　伝えなければならない100の物語 ⑧ 広がりゆく支援の輪』

学研教育出版編

目次 俺たちの故郷は、絶対に、復興する。―お笑い芸人サンドウィッチマンの「東

北魂」，同じ中高生の人にこそ、伝えたいことがある。―走り続ける、一人の女子高生の物語，美しい東北を再び取り戻すために。―ロックバンドモンキーマジック，困っている人がいれば助ける。―琵琶湖と宮古の海を結んだ、ヨット部の友情，サッカーで、少年たちに笑顔と希望を。―鹿島アントラーズ小笠原満男，思い出を、再生させる。―写真洗浄ボランティア，桂島で見つけた、オリンピックよりも大切なもの。―プロスキーヤー畑中みゆき，未来ある子どもたちに、明るい未来を。―76歳のチャリティコンサート，確かにそこに、見えない力があった。―なでしこ、ヴォルフスブルクの奇跡，目の前にある、この風景を残すために。―海を渡った、女子大生が作った記録映画

Gakken　2013.2　239p　19cm　1600円
①978-4-05-500997-3

『東日本大震災　伝えなければならない100の物語 ⑨ 再生と復興に向かって』

学研教育出版編

目次　人と人は支え合うもの。―岩手・山田町五篤丸水産の団結，少しずつ、立ち直っていけばいい。―大槌町の和尚、悲しみに寄り添い続けて，過去と未来と写真でつなぐ。―岩手・釜石市のカメラマン，それでも、やっぱり、海が好きなんだ。―海とともに生きる志津川の漁師，思うがままに、思いを書けば、それでいい。―ある詩人の「ことばの移動教室」，まだやれる。それを共に感じるために。―障がい者プロレスの再起，未来のために、津波を調べつくす。―被災した民間研究者、執念の調査，一打一打に、魂をこめて。―雄勝中の復興輪太鼓，みんなでやれば、できる。―「かーちゃんの力・プロジェクト」始動，再生と復興に向かって。―福島県相馬野馬追

Gakken　2013.2　239p　19cm　1600円　Ⓝ369.31　①978-4-05-500998-0

『東日本大震災　伝えなければならない100の物語 ⑩ 未来へ』

学研教育出版編

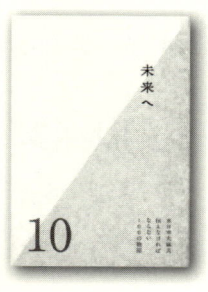

目次　人のために、世の中のために。―地球5周分を駆け抜けた情熱，人こそが、何にも代えがたい、財産。―復活した陸前高田市の醸造蔵，ここが、僕の愛する街。僕の生きる街。―石巻に戻ったリチャード，大地と地域と、ともに生きるために。―復興トマトの挑戦，心と体と地球のために。―福島のレストラン「銀河のほとり」，大きな危機も、未来のチャンスに。―南相馬市長の前向き思考，子どもたちの未来につ

ながる町づくりを。―陸前高田市長の奮闘努力，あの悲劇を、繰り返さないために。―地震学者海野徳仁，変わるための試みは、始まっている。―次世代エネルギーの研究，自然の力で、町と人を津波から守る。―「森の長城プロジェクト」

Gakken　2013.2　239p　19cm　1600円　Ⓝ369.31　Ⓘ978-4-05-500999-7

『被災犬「じゃがいも」の挑戦―めざせ！災害救助犬』

山口常夫文

目次 プロローグ 犬をあずかってください！，1章 福島・飯舘村の子犬たち，2章 災害救助犬をめざして訓練開始，3章 東日本大震災ではなればなれの人と犬，4章 きびしい訓練と試験の毎日，5章 がんばれ、じゃがいも！，エピローグ じゃがいもの活躍、おたのしみに

内容 災害救助犬として、福島の希望の星としてがんばれ、じゃがいも！災害救助犬をめざす、被災犬「じゃがいも」の物語。

岩崎書店　2014.12　143p　22cm　1300円　Ⓝ369.3
Ⓘ978-4-265-08306-0

『福島きぼう日記―世の中への扉』

門馬千乃，門馬健将，門馬海成著，篠崎三朗絵

内容 大震災の翌日、福島第一原発から20キロメートル圏内に住んでいた、小学6年の門馬千乃さんは、父を残して、母親、ふたりの弟、祖父母らとともに、住みなれた南相馬市小高区を後にしました。これは、被災した福島県南相馬市の3姉弟による、震災後の生活を書き記した日記です。

講談社　2012.3　113p　19cm　1200円　Ⓝ369.36　Ⓘ978-4-06-217539-5

『ふくしまの子どもたちが描くあのとき、きょう、みらい。』

福島相馬の小学生たち絵，蟹江杏，佐藤史生編

目次 3月11日 相馬に何が起こったか，子どもたちが描く故郷1 こわい海 へいわな海，3月12日 被災地の子どもたちに絵本と画材を！，4月6日 避難所での「お絵描き教室」，子どもたちが描く故郷2 またみんなであそびたい，子どもたちが描く故郷3 どうぶつとくらせる町，4月23日 はまなす館の「版画体験教室」，子どもたちが描く故郷4 もしもまほうがつかえたら，子どもたちが描く故郷5 ふるさとのみらい，5月26日 中村第二小学校の「総合学習」の授業

内容 いまだ震災被害が終息していないなかで、福島の子どもたちが見て、感じた、「3・11」、自分たちの「いま」、そして「これから」。彼ら、彼女たちの絵に込められた想いは、私たちに何を語り、何を問いかけているのか。

徳間書店　2011.10　141p　26cm　1300円　Ⓝ369.31　Ⓘ978-4-19-863281-6

『フラガールと犬のチョコ―東日本大震災で被災した犬の物語』

祓川学作，かなき詩織画

内容 原発事故で緊急避難させられた町。置き去りにされた動物たちの中に、"フラガール"の愛犬・チョコもいたのです…。小学校中学年以上向き。

ハート出版　2012.7　153p　21cm　1300円　Ⓝ645.6　Ⓘ978-4-89295-912-7

『ボク、もぐらんぴあ 応援団長はさかなクン！―東日本大震災で全壊した水族館の物語』

朝日小学生新聞著，久慈地下水族科学館もぐらんぴあ監修，さかなクン協力

目次 第1部 もぐらんぴあの物語（ボク、「もぐらんぴあ」，東日本大震災発生，さかなクンのプレゼント，まちなか水族館、オープン！，「もぐらんぴあ」をもう一度 ほか），第2部 久慈の海のお魚図鑑（久慈の海＆お魚について，アイナメ（アブラメ），アゴハゼ，イシダイ，ウミタナゴ（タナゴ）ほか）

内容 岩手県久慈市の水族館『もぐらんぴあ』とお魚博士のさかなクンの友情の軌跡。第1部「もぐらんぴあの物語」、第2部「久慈の海のお魚図鑑」の2部構成。「久慈の海のお魚図鑑」は、さかなクンのイラストで23種のお魚を紹介。

朝日学生新聞社　2019.1　79p　22×20cm　1300円　Ⓝ480.76　Ⓘ978-4-909064-58-5

『ぼくらがつくった学校―大槌の子どもたちが夢見た復興のシンボル』

ささきあり文

目次 第1章 学校が燃えた，第2章 となり町での学校再開，第3章 仮設でもぼくらの校舎，第4章 これからの町のかたちって？，第5章 新しい校舎を考えよう，第6章 未来をつくる

内容 東日本大震災の津波で、父と祖父母を亡くした岩手県大槌小学校三年生（当時）の佐々木陽音くん。新しく建てる学校の教室をデザインするワークショップに参加するうちに、学校はもちろんのこと、自分たちの住む町も、より笑顔のあふれる場所にしたいと思うようになりました。悲しい過去から立ちあがり、未来の夢へと向かうようになった子どもたちの成長の過程をえがきます。

佼成出版社　2017.7　127p　22cm（感動ノンフィクションシリーズ）　1500円　Ⓝ376.38
Ⓘ978-4-333-02757-6

『ぼくらの津波てんでんこ』

谷本雄治著

目次 1 心の中のヒーロー，2 学校のぬけがら，3 逃げない人びと，4 3つの約束，
5 津波てんでんこ，6 “あたりまえ”のきせき，7 まだ見ぬ人へ

内容 多くのぎせい者を出した2011年3月11日の東日本大震災。そんななかで、
岩手県釜石市の小中学校の児童・生徒約3000人は、ほぼ無事でした。その背景
には、群馬大学の片田敏孝教授のもと長年取り組んできた防災教育があります。
「津波てんでんこ」とは、どんな教えなのでしょう。自分で自分の命を守るに
はどうしたらいいのでしょう。大津波を生きぬいた釜石の子どもたちの“あきら
めない心”を伝えるドキュメンタリー。

フレーベル館　2012.11　127p　22cm　1400円　Ⓝ369.31　Ⓘ978-4-577-04067-6

『ぼくんちの震災日記』

佐々木ひとみ作，本郷けい子絵

内容 大地震のあった翌朝、友樹はじっと天井を見つめている。電気もガスも水
道も使えない。食べ物もない。ぜんぶ夢だったらいいのに！―災害は、前ぶれ
もなくやってくる。この本が、誰かの力になりますように。

新日本出版社　2023.2　142p　21cm　1500円　Ⓝ913.6　Ⓘ978-4-406-06705-8

『まげねっちゃ―つなみの被災地宮城県女川町の子どもたちが見つめたふる さとの1年』

まげねっちゃプロジェクト編

目次 故郷 女川―いつもすぐそばにおだやかな海があった，つなみ 3・11 時
の記録，子どもたちの作品集 まげねっちゃ 3・11 私たちの記憶―作文・俳句
（五七五）・津波に負けない（女川のよかったところ），今日まで 私たちが今、
考えていること―作文・五七五・津波に負けない（3月11日から今までで、よかっ
たこと、楽しかったことは），明日へ 女川と私たちの未来―感謝の手紙・作文・
俳句（五七五）・絵・津波に負けない（これからの女川はどうなってほしいか、
そのためにはどうしたらよいか），小学生、中学生が撮影した女川

内容 女川町の5つの小中学校の子どもたちは、3・11という現実を、悲しみを、
そして将来への希望を作文、俳句（五七五）、絵、写真など、さまざまな方法
で表現した。

青志社　2012.3　255p　21cm　1200円　Ⓝ369.31　Ⓘ978-4-905042-42-6

『まさき君のピアノ——自閉症の少年が避難所で起こした小さな奇跡』

橋本安代著

内容 3.11。すべてを奪われた女川町。避難所の人々を癒した音色。自閉症の少年はなぜ、ピアノを弾いたのか？災害と障害、家族と地域の絆を描いた感動のドキュメント。

ブックマン社　2012.3　183p　19cm　1333円　Ⓝ916　Ⓘ978-4-89308-772-0

『待ちつづける動物たち——福島第一原発20キロ圏内のそれから』

太田康介著

内容 東北の寒い冬、食べ物のなくなった土地で命をつなぐ犬猫も、生きのこった家畜たちが迎えた悲しい運命も。福島第一原発20キロ圏内に「のこされた動物たち」の伝えられることのない1年の記録。

飛鳥新社　2012.3　126p　20×15cm　1300円　Ⓝ645　Ⓘ978-4-86410-152-3

『まるこをすくった命のリレー——動物たちの東日本大震災』

あんずゆき文

目次 1 大震災・その日，2 動物をすくえ！，3 避難所の犬，4 まるこ救出！，5 ペットフードのリレー，6 だれもいない町，7 心のたたかい，8 もういちど、奇跡，9 命、つながる，終章 それから

内容 二〇一一年三月一一日、東日本大震災発生。多くの人や動物の命がうばわれた。岩手県の大船渡で飼い主と平和にくらしていた犬の「まるこ」も、津波にのみこまれ、飼い主とはなればなれに…。そんなまるこに次つぎにさしのべられるすくいの手。それは、動物たちを一ぴきでも多くすくおうとする人びとの願いをこめた命のリレーだった。動物たちをすくおうと、自分のやれることをさがし、行動する人びとをえがく、もうひとつの東日本大震災物語。小学2年～。

文溪堂　2012.7　94p　22×19cm　1300円　Ⓝ369.31　Ⓘ978-4-89423-788-9

『漫画版 自衛隊の“泣ける話”』

防衛省陸上幕僚監部広報室監修，中村祥子漫画

内容 2011年3月11日、日本を未曾有の大災害が襲いました。本書は、当時被災地において第一線で人命救助を行った隊員たちの声をつぶさに拾い、現場で隊員が見て、感じたことをマンガにしました。隊員である前に、ひとりの人間として、一人でも多くの人を救いたい…。国民の足下を陰で支えた隊員たちの、語り継ぎたい感動のストーリーです。

ユーメイド　2014.3　145p　21cm　1000円　Ⓝ396.21　Ⓘ978-4-904422-24-3

『宮城県気仙沼発！ファイト新聞』

ファイト新聞社著

内容　東北地方太平洋沖地震の発生から1週間後の3月18日。避難所で暮らす小学生の呼びかけによって、「ファイト新聞」が始まりました。被災地の子どもたちが過ごした1日、1日は、これから先、日本が復興への道を歩き切るだけのエネルギーに満ちています。テレビや新聞の取材が相次ぎ、応援の手紙が全国各地から寄せられた、その創刊から1カ月半の全号を収録。

河出書房新社　2011.7　119p　26cm　1238円　Ⓝ369.31　Ⓘ978-4-309-02052-5

『未来をはこぶオーケストラ─福島に奇跡を届けたエル・システマ』

岩井光子著

内容　震災で被災した福島県相馬市。震災後、ここには「エル・システマ」というオーケストラが誕生しました。相馬の子どもなら誰でも入れるオーケストラ。音楽を通じて明日を探す子どもたちの姿を描くノンフィクション。

汐文社　2017.3　159p　20cm　1400円　Ⓝ379.3
Ⓘ978-4-8113-2377-0

『みんなを守るいのちの授業─大つなみと釜石の子どもたち』

片田敏孝，NHK取材班著

目次　子どもたちが未来への光，巨大津波がおそってきた！─3月11日、鵜住居小学校の子どもたち（大きなゆれが学校を、町をおそった，逃げる中学生のさけぶ声 ほか），津波をのりこえた子どもたち─釜石の子どもたちにめばえた生きる力（釜石をおそった津波，釜石小学校の子どもたちの活躍 ほか），こわさを知ること、逃げること─釜石市の防災教育（おおぜいのいのちを一瞬でうばう津波，生きのびるための「避難三原則」ほか），自分の「いのち」を守るために─いま、みんなに伝えたいこと（身のまわりの危険について考えよう，自分のいのちは自分で守る子へ ほか）

内容　子どもたちの生きる力を育てた"3つの教え"。（1）想定を信じるな！（2）どんなときでも最善をつくす。（3）率先避難者になる。東日本大震災の被害から児童を守った「いのちの防災教育」。釜石市の指導をもとにした「自分たち

の防災マップをつくろう」を収録。

NHK出版　2012.1　158p　22cm　1400円　Ⓝ369.31　Ⓘ978-4-14-081517-5

『吉浜のつなみ石──みんなの震災学習テキスト先人の教えをつなげようキットずっと未来へ』

吉浜教えの里プロジェクト企画制作

目次　絵本『吉浜のつなみ石』,「つなみ石の絵本」ができるまで,「津波石」との出合い, 三陸町「吉浜」と津波の歴史, つなげよう未来──次代へつなぐ吉浜の取り組み,「地域の足・三陸鉄道」奇跡の復活から学ぶ

イー・ピックス　2015.1　64p　21×19cm　1000円　Ⓝ369.31　Ⓘ978-4-901602-57-0

『ロックとマック──東日本大震災で迷子になった犬』

なりゆきわかこ作, ドックウッド, 東海林綾原案, つがねちかこ絵

内容　2011年3月11日、東北地方を中心に大きな地震がおきました。その津波ではたくさんの人や動物が流されてなくなったり、家族とばらばらになったりしました。この本は、宮城県で迷子になった犬が、出会った人に助けてもらいながら飼い主と会うことができた、また福島県の動物病院であった、どちらも本当のお話です。あの地震で何がおきたのか、じぶんだったらどうするか。あなたもぜひ考えてみてください。小学中級から。

角川書店, 角川グループパブリッシング〔発売〕　2012.2　158p　18cm（角川つばさ文庫）
580円　Ⓝ913.6　Ⓘ978-4-04-631218-1

『わたしはゼッタイに負けない！！──福島原発事故から150日　復活した元気な旅館の物語』

石橋孝子著

目次　プロローグ 2011年3月11日午後2時46分。その時、あなたはどこにいましたか？, よもぎ埜ものがたり 父と母のものがたり, 私にとって何ものにも替えがたい 父と母の"かたみ", 福島がどうして？何をしたというのですか, 先の見えない闘い よもぎ埜は生き残れるのか, 始まった奇跡への挑戦 負けてたまるか！！, よもぎ埜再開への道のり "なんだ坂""こんな坂", 震災5カ月後の8月11日に照準, サイは投げられた…私は絶対あきらめない！, エピローグ 最後まで跳ねるのです

柴田書店　2012.3　175p　19cm　1429円　Ⓝ689.8126　Ⓘ978-4-388-15328-2

◇絵本

『あのとき、そこにきみがいた。—2016年4月熊本地震の現場から』
やじまますみ作・絵

内容 2016年4月16日の午前1時25分ごろ熊本県熊本地方をマグニチュード7.3の巨大地震がおそいました。イラストレーターの著者は、一家で被災しながら地元の人びとが絶望にうちひしがれる姿をまのあたりにします。やがてボランティアの中学生たちが彼らのもとにかけつけて—。絶望のむこうに著者がみいだした生きる力と希望のかたち。

ポプラ社　2018.3　35p　23×23cm（ポプラ社の絵本〔50〕）　1400円　Ⓝ369.31
Ⓘ978-4-591-15808-1

『海の子山の子地球の子—大切なことってなんだろう』
里生海歩子作，大沼実恵絵

内容 地球にくらすぼくらに大切なことってなんだろう？子どもたちのための防災教育絵本。

地球の子舎　2016.3　1冊　22×31cm

『てんでんこ—大津波伝説』
ひつじあかね絵・文

内容 歴史は繰り返される。だから、伝えていかなくてはならない。大津波がきたことを…津波から命を守るため、三陸地方に残る言い伝え。

講談社ビジネスパートナーズ　2012.2　31p　19cm　1000円　Ⓝ369.31
Ⓘ978-4-87601-961-8

『ぼくのじしんえにっき〈新装版〉』
八起正道作，いとうひろし絵

内容 ぼくの町が、大じしんでメチャンコになってしまった。そのときのパニックをぼくはえにっきにかいた…1989年のSF童話の先見におどろく新装版！第36回課題図書、産経児童出版文化賞推薦、第6回福島正実記念SF童話大賞受賞作品。

岩崎書店　2023.6　78p　22cm　1200円　Ⓝ913.6
Ⓘ978-4-265-04131-2

『マリと子犬の物語──山古志村 小さな命のサバイバル』

時海結以著，山田耕大，清本由紀，高橋亜子脚本，桑原眞二，大野一興原作

内容 亮太と彩は、お父さん、おじいちゃんと4人暮らし。お母さんは亡くなってしまったけれど、飼い犬のマリや子犬たちとともに、仲良く暮らしていた。だが、そんな平和なある日のこと。突然の大地震が、一家が暮らす山古志村を襲う。お父さん、亮太、彩は、離ればなれになり、連絡を取ることもできない。彩は、おじいちゃんととともに、くずれた家の下敷きになってしまう。マリは、彩とおじいさんのそばに行こうと、血がにじむまで地面を掘りつづけるが…。

　　　　　　小学館　2012.5　199p　18cm（小学館ジュニアシネマ文庫）　700円　Ⓝ913.6
　　　　　　　　　　　　　　　　　　　　　　　　　　　　　　　　Ⓘ978-4-09-230625-7

『山古志村のマリと三匹の子犬』

桑原眞二，大野一興著，ikko絵

目次 物語，写真集，記録

　　　　　　文藝春秋　2005.2　119p　20cm　1143円　Ⓝ645.6　Ⓘ4-16-366960-4

◇阪神・淡路大震災

『あの日をわすれない はるかのひまわり』

指田和子作，鈴木びんこ絵

内容 阪神大震災で妹を亡くした少女が妹を思わせるひまわりの花を咲かせることで救われていく。NHKで放映されて感動を呼んだ実話の絵本化。

　　　　　　PHP研究所　2005.1　1冊　23×23cm（PHPにこにこえほん）　1300円　Ⓝ726.6
　　　　　　　　　　　　　　　　　　　　　　　　　　　　　　　　Ⓘ4-569-68515-3

『おひさまいろのりんご──有希の阪神大震災』

堀口清志文，堀口久子絵

内容 自由で平和な生活が震災により一瞬にして打ち砕かれた。たったひとつのりんごを求めて歩きまわった時の気持、そしてこのりんごひとつにこめられた人と人との暖かい心のつながりを描いた絵本。

　　　　　　清風堂書店出版部　1995.6　31p　26cm　850円　Ⓝ369.31　Ⓘ4-88313-097-5

『ミヨちゃん』

玉川侑香文，森田美智子絵

内容 大好きなおとうさんも、子犬のポチも、もういない。ツバメが帰ってくる家もない。「ことばを失う」ということでしか伝えられなかったミヨちゃんの震災。おかあさんと弟と手をつないで神戸へ帰れるのはいつだろう…。

比良出版　2000.1　24p　24cm（震災を語り継ぐ本〔2〕）　1500円　Ⓘ4-939112-02-0

『やくそくするね。』

杉本深由起文，永田萌絵

内容 ノリコは小学2年生。5年生のケンイチ兄ちゃんは、学校では「ちこくの王さま」って呼ばれてるけど、ノリコにはやさしい兄だった。しかし、運命の1月17日、新聞配達に出たケンイチ兄ちゃんは瓦礫の下に。ケンイチが亡くなったその年のルミナリエで、ノリコはある決意をする・・・・・・。震災で亡くなった家族のゆめを、未来へと引き継いでいこうとするノリコの姿が感動をさそいます。

BL出版　2002.12　1冊　27cm　1400円　Ⓝ726.6
Ⓘ4-89238-538-7

『安っさん』

玉川侑香文，後藤栖子絵

内容 「仮設生活」という長い漂流の旅が終わる。5年経って、人は今、「何か」を語り始めようとしている。それは「震災」と同時に、自分自身の「人生」についてである。そして、その想いを支えるのは、人と人とが助けあった、あのやさしさの記憶かもしれない。阪神大震災を語り継ぎ、生命の大切さと生きる勇気を伝える絵本。

比良出版　2000.3　29p　24cm（震災を語り継ぐ本〔3〕）　1500円　Ⓘ4-939112-03-9

『四丁目の「まさ」』

玉川侑香詩，後藤栖子絵

内容 町は、一丁目も四丁目も、何の境界もなくガレキになり焼野原になってしまった。それでも「四丁目のまさ」と名乗って、町の存在とともに生きてきた人生を、もう一度生きようと「まさ」は思う…阪神大震災を語り継ぎ、生命の大切さと生きる勇気を伝える絵本。

比良出版　1999.10　24p　24cm（震災を語り継ぐ本〔1〕）　1500円　Ⓘ4-939112-01-2

◇東日本大震災

『あさになったのでまどをあけますよ』

荒井良二著

内容 新しい1日をむかえるために窓をあける子どもたち。なにげない日々の繰り返し、その中にこそある生きることの喜びを描いた絵本。

偕成社　2011.12　1冊　30cm　1300円　Ⓝ726.6　Ⓘ978-4-03-232380-1

『あの日―おおつち保育園3・11』

八木澤弓美子語り，森谷明子再話・絵，静岡うみねこの会監修

内容 東日本大震災で、園児9人が亡くなった岩手県大槌町の大槌保育園（現おおつちこども園）で子どもたちが心の傷を乗り越え成長する実話を描いた絵本。

牧羊社　2016.6（第3刷）　34p　21×30cm　800円　Ⓝ726.6　Ⓘ978-4-908376-00-9

『「あの日」から走り続けて―東日本大震災と私たち』

かけあしの会著，あきやまみみこ絵

内容 岩手県宮古から「あの日」を語りつぐ絵本。共同のちからのものがたり。

同時代社　2014.3　1冊　21cm　900円　Ⓝ369.31　Ⓘ978-4-88683-759-2

『あのひのこと』

葉祥明絵・文

内容 ある少年が体験した「あのひのこと」（東日本大震災）を軸に、家族の絆に支えられ、希望の光を見いだすまでを繊細なタッチで描きます。

佼成出版社　2012.3　1冊　23×25cm　1400円　Ⓝ726.6
Ⓘ978-4-333-02530-5

『笑顔が守った命―津波から150人の子どもを救った保育士たちの実話』

あいはらひろゆき作，ちゅうがんじたかむ絵

内容 今からちょうど10年前、中野栄あしぐろ保育所で実際に起きた愛と勇気の物語。

サニーサイド　2021.3　1冊　19×24cm（サニーサイドブックス）　1500円　Ⓝ726.6
Ⓘ978-4-910188-08-9

『かあさんのこもりうた』
こんのひとみ作，いもとようこ絵

内容 くまの兄妹たちが寝る前、子守歌を歌ってくれるくまの母さん。嵐が来た日、母さんは出かけたきり二度と戻りませんでした。元気をなくした兄妹たちでしたが、母さんのあの子守歌が外から聞こえてきます。東日本大震災の津波で亡くなった母から手紙が届いたという実際にあった奇跡から生まれた絵本。

金の星社　2012.10　[32p]　24×25cm　1400円　Ⓝ726.6　Ⓘ978-4-323-02445-5

『かぜのでんわ』
いもとようこ作・絵

内容 山の上に置かれた電話。だれもが自由に使えて、今はそばにいない人と話すことができます。でも実はそれは電話線のつながっていない電話でした―岩手県大槌町に東日本大震災のあと設置された風の電話ボックスをモデルにした絵本。

金の星社　2014.2　[24p]　24×25cm　1400円　Ⓝ726.6　Ⓘ978-4-323-02451-6

『語りつぎお話絵本　3月11日① 午後2時46分』
WILLこども知育研究所編

内容 2011年3月11日午後2時46分。マグニチュード9.0、最大震度7の大きな地震が起こりました。そして沿岸をおそった巨大な津波…。そこで被災された人たちや、被災した人々を助けて行動する方々に話をうかがい、物語にまとめました。1は、「りょうくんと子牛の光」など、全2編を収録。被災体験やその心情と教訓をわかりやすく伝えます。

Gakken　2013.2　47p　27×22cm　2400円　Ⓝ369.31　Ⓘ978-4-05-500943-0

『語りつぎお話絵本　3月11日② にげろ！津波だ！』
WILLこども知育研究所編

内容 2011年3月11日午後2時46分。マグニチュード9.0、最大震度7の大きな地震が起こりました。そして沿岸をおそった巨大な津波…。そこで被災された人たちや、被災した人々を助けて行動する方々に話をうかがい、物語にまとめました。2は、「海が黒い水になった日」など、全2編を収録。被災体験やその心情と教訓をわかりやすく伝えます。

Gakken2013.2　47p　27×22cm　2400円　Ⓝ369.31　Ⓘ978-4-05-500944-7

『語りつぎお話絵本　3月11日 ③ 家族と会えた』

WILLこども知育研究所編

内容 2011年3月11日午後2時46分。マグニチュード9.0、最大震度7の大きな地震が起こりました。そして沿岸をおそった巨大な津波…。そこで被災された人たちや、被災した人々を助けて行動する方々に話をうかがい、物語にまとめました。3は、「よかったね、「ミカン」と「はる」」など、全2編を収録。被災体験やその心情と教訓をわかりやすく伝えます。

Gakken　2013.2　47p　27×22cm　2400円　Ⓝ369.31　Ⓘ978-4-05-500945-4

『語りつぎお話絵本　3月11日 ④ 支え合ったひなん所』

WILLこども知育研究所編

内容 2011年3月11日午後2時46分。マグニチュード9.0、最大震度7の大きな地震が起こりました。そして沿岸をおそった巨大な津波…。そこで被災された人たちや、被災した人々を助けて行動する方々に話をうかがい、物語にまとめました。4は、「日本一の卒業式」など、全2編を収録。被災体験やその心情と教訓をわかりやすく伝えます。

Gakken　2013.2　48p　27×22cm　2400円　Ⓝ369.31　Ⓘ978-4-05-500946-1

『語りつぎお話絵本　3月11日 ⑤ 子どもたちの「ちから」』

WILLこども知育研究所編

内容 2011年3月11日午後2時46分。マグニチュード9.0、最大震度7の大きな地震が起こりました。そして沿岸をおそった巨大な津波…。そこで被災された人たちや、被災した人々を助けて行動する方々に話をうかがい、物語にまとめました。5は、「鼓笛よひびけ!」など、全2編を収録。被災体験やその心情と教訓をわかりやすく伝えます。

Gakken　2013.2　48p　27×22cm　2400円　Ⓝ369.31　Ⓘ978-4-05-500947-8

『語りつぎお話絵本　3月11日 ⑥ 助け合う人たち』

WILLこども知育研究所編

内容 2011年3月11日午後2時46分。マグニチュード9.0、最大震度7の大きな地震が起こりました。そして沿岸をおそった巨大な津波…。そこで被災された人たちや、被災した人々を助けて行動する方々に話をうかがい、物語にまとめました。6は、「アウトドア義援隊出動!」など、全2編を収録。被災体験やその心情と教訓をわかりやすく伝えます。

Gakken　2013.2　47p　27×22cm　2400円　Ⓝ369.31　Ⓘ978-4-05-500948-5

『語りつぎお話絵本　3月11日 ⑦ 広がる支援の輪』

WILLこども知育研究所編

内容　2011年3月11日午後2時46分。マグニチュード9.0、最大震度7の大きな地震が起こりました。そして沿岸をおそった巨大な津波…。そこで被災された人たちや、被災した人々を助けて行動する方々に話をうかがい、物語にまとめました。7は、「「練馬の湯」で安らぎを」など、全2編を収録。被災体験やその心情と教訓をわかりやすく伝えます。

Gakken　2013.2　47p　27×22cm　2400円　Ⓝ369.31　Ⓘ978-4-05-500949-2

『語りつぎお話絵本　3月11日 ⑧ ふるさとをとりもどす！』

WILLこども知育研究所編

内容　2011年3月11日午後2時46分。マグニチュード9.0、最大震度7の大きな地震が起こりました。そして沿岸をおそった巨大な津波…。そこで被災された人たちや、被災した人々を助けて行動する方々に話をうかがい、物語にまとめました。8は、「ふっこうの印「相馬野馬追」」など、全2編を収録。被災体験やその心情と教訓をわかりやすく伝えます。

Gakken　2013.2　48p　27×22cm　2400円　Ⓝ369.31　Ⓘ978-4-05-500950-8

『きせきの一本松』

のはらあい文・絵

内容　大震災による津波で一本だけ残った、きせきの一本松。松の仲間から松にゃんと呼ばれていました。松にゃんは、やんちゃで元気なのっぽの松です。松吉が大好きですが、ふだんはみんなと少し離れたところで遊んでいます。そんなときに大きな地震が起こり、津波がやってきたのです。

俵慶　2013.3　1冊　31cm　Ⓘ978-4-309-90981-3

『奇跡の一本松──大津波をのりこえて』

なかだえり絵・文

内容　大津波に襲われた岩手県陸前高田市。七万本もの松が流された中、一本だけ生きのびた松が…。

汐文社　2011.10　31p　31cm　1800円　Ⓝ726.6
Ⓘ978-4-8113-8826-7

『希望のキャンプ―ふくしまキッズ夏季林間学校』

田口ランディ文，成清徹也写真

内容 夏休み、福島の子どもたちを北海道に招待しよう！その試みに日本全国そして海外へも支援の輪がひろがり、「ふくしまキッズ」夏季林間学校がはじまりました。福島の子どもたちの笑顔とありがとうの気持ちがつまった絵本。

汐文社　2011.10　27p　18×18cm　1600円　Ⓝ291.1　Ⓘ978-4-8113-8837-3

『ギンジとユキの1340日』

渡辺有一［文・絵］

内容 こぶし川で生まれたサケの子ども、ギンジとユキ。ふるさとを離れて北の海へ向かう彼らは、幾多の試練を乗り越えて成長し、ふるさとをめざして泳ぎだす。しかし、ふるさとの川はガレキが積もり、変わり果てていた。そのとき、ユキのおなかには卵が宿っていた……。

文研出版　2014.3　48p　27cm　（えほんのもり）　1400円
Ⓝ726.6　Ⓘ978-4-580-82228-3

『くびわをはずしたパピ―パピの東日本大震災』

佐藤彰，佐藤ちえ子ぶん，佐藤涼子え

内容 福島原発に一番近い教会「福島第一聖書バプテスト教会」。3.11。あの日以来、帰れない故郷を深く想う日々が続く。飼い犬「パピ」の目を通して、あの日からの流浪の日々を描いた絵本。

自由国民社　2014.3　47p　20cm　1400円　Ⓝ726.6　Ⓘ978-4-426-11769-6

『さくら―原発被災地にのこされた犬たち』

馬場国敏作，江頭路子絵

内容 ひとみちゃん、いつ帰ってくるの？すぐに帰れると思っていた家族。必ずもどってくると待っていた犬たち。あたり前だった毎日があたり前ではなくなったあの日から、生きるために歩きつづける原発被災地にのこされた犬たちの物語。

金の星社　2011.12　63p　20×16cm　1300円　Ⓝ913.6　Ⓘ978-4-323-07241-8

『さくらばあちゃんのいる街—命とは、生きるとは、カラスと津波で流された老桜の、愛の物語』

高山広作・絵

内容 2011年3月11日の東日本大震災への慰霊と鎮魂をこめて創作された一人芝居。一羽のカラスが、さくらばあちゃんとの交流から得た愛物語。

江ノ島ともだち幼稚園　2023.10　38p　19×27cm　Ⓘ978-4-86642-024-0

『そつぎょう—ふくしまからきた子』

松本猛，松本春野作，松本春野絵

内容 ひさしぶりに福島に帰ってきたまや。小学校の卒業式をのぞきにいくと、なつかしい声がした。福島でくらす友だちとまやの再会を描く。

岩崎書店　2015.3　1冊　22×25cm　（えほんのぼうけん〔70〕）
1300円　Ⓝ726.6　Ⓘ978-4-265-08140-0

『たかのびょういんのでんちゃん』

菅野博子文・絵，高野己保原案

内容 30年前に病院にきたディーゼル発電機、でんちゃん。地震と津波、停電の危機のなか、5日間発電し続けた。実話を元にした絵本。

岩崎書店　2018.1　1冊　27cm　1400円　Ⓝ726.6
Ⓘ978-4-265-80235-7

『たぬき』

いせひでこ著

内容 2011年の春、絵描きの家の庭にあらわれた たぬきの一家。産む、育てる、いのちの絆の物語は、やがて別れと旅立ちへ。小さなからだ全身で「生きる」たぬきたちと、絵描きとのまぼろしのようなおはなし。

平凡社　2021.11　43p　21×28cm　1600円　Ⓝ726.6　Ⓘ978-4-582-83880-0

『タンポポあの日をわすれないで』

光丘真理文，山本省三絵

内容 津波の被災地宮城県で見つけた小さな希望の花タンポポ。子どもたちの願いが、綿毛となって飛んでいって、明るい笑顔の花がたくさん咲きますように！

文研出版 2011.10 1冊 27cm（えほんのもり） 1300円
Ⓝ726.6 Ⓘ978-4-580-82152-1

『つなみてんでんこ はしれ、上へ！』

指田和文，伊藤秀男絵

内容 2011年3月11日。東日本大震災のあの日、大津波をみんなで生きのびた釜石の子どもたちのドキュメント。

ポプラ社 2013.2 1冊 23×28cm（ポプラ社の絵本〔17〕） 1300円 Ⓝ369.31
Ⓘ978-4-591-13220-3

『つなみのえほん―ぼくのふるさと』

くどうまゆみ文・絵

内容 にげて、なにももたずに。もっともっと高いところに。子どもたちに語り伝えたいつなみの記憶。

市井社 2012.5 1冊 26cm 1200円 Ⓝ369.31 Ⓘ978-4-88208-116-6

『てとてをつないで』

内容 東日本大震災から10年を迎えるにあたり、岩手県教育委員会が制作した興教育に関する絵本。

岩手県教育委員会 2022.2 1冊 22 cm（「いわての復興教育」絵本） Ⓝ726.6

『どうぶつえんにいらっしゃい』

本木洋子文，しろぺこり絵

内容 今からちょうど十年前、東日本をおそった大地震。東京にある上野動物園では―。動物たちの様子をつづった園長さんのエッセイから生まれた絵本。そのとき、パンダは、ゴリラは、ハシビロコウは―。飼育員さんたちは夜通し、動物たちの様子を見守ります……。電車も止まった翌朝、動物園はいつも通りに開園しました。

新日本出版社 2021.12 [28p] 21cm 1400円 Ⓝ726.6 Ⓘ978-4-406-06237-4

『ど根性ひまわりのき～ぼうちゃん』

漆原智良作，さくらせかい絵

内容 幸せの黄色いひまわり、き～ぼうちゃん！みんなに希望をとどけるひまわり、き～ぼうちゃん！きれいな花を咲かせてね！―東日本大震災被災地のがれきの中から芽を出したひまわりの種のエピソードに基づく創作物語。

第三文明社　2015.7　39p　31cm　1500円　Ⓝ726.6　Ⓘ978-4-476-11617-5

『なみだはあふれるままに』

内田麟太郎文，神田瑞季絵

内容 東日本大震災後5年の節目に、改めて震災を振り返り、生きる意味を問う絵本。宮城県女川で震災に遭った少女と内田麟太郎のコラボ企画。

PHP研究所　2016.3　[32p]　26cm（わたしのえほん）　1300円　Ⓝ726.6
Ⓘ978-4-569-78382-6

『のっぽのスイブル155』

こもりまこと［作］

内容 2011年3月11日の地震による大津波でこわされてしまった、日本の港や橋。建設機械の会社の人たちは「いまこそあいつの出番だ！」と思い、1台の水陸両用ブルドーザー「D155W」（スイブル）の修理を思いたちます。すでに活躍の場もへり、ボロボロになっていたスイブルでしたが、14か月にもおよぶ大修理をへて、2012年冬、ほぼ新品となってよみがえります。こうして忘れられていた1台のブルドーザーは、ふたたび海や川で活躍することとなったのです。

偕成社　2016.1　32p　27cm　1400円　Ⓝ726.6　Ⓘ978-4-03-332500-2

『はしるってなに』

和合亮一文，きむらゆういち絵

内容 あの日の不条理を前に少年は、いかに自立の道を悟るのでしょうか？日本を揺るがしたあの日、あの不条理なできごとが未来への希望に大きな影を落としました。しかしそれでも、人には生きていこうとする力と意思が備わっているはずです。そんな人間の姿を、親しい人との別れを余儀なくされた少年の、成長と悟りの中に託した絵本。

芸術新聞社　2013.7　1冊　27cm（とびか）　1600円　Ⓝ726.6　Ⓘ978-4-87586-359-5

『はしれディーゼルきかんしゃデーデ』

すとうあさえ文，鈴木まもる絵

内容 3.11の直後、東北に石油や灯油を届けるために、ディーゼル機関車が活躍したのをご存知ですか？全国から集められたディーゼル機関車たちが、新潟から福島の郡山へと走ったのです。最初に出発したのが、デーデです。途中、雪でスリップし立ち往生してしまいます。なんとか郡山に着いたときには、予定の時刻を3時間過ぎていました。それでもみんな待っていてくれ、とても喜んでくれました。実話が元になった絵本です。

童心社　2013.11　[40p]　20×27cm　1400円　Ⓝ726.6　Ⓘ978-4-494-02561-9

『はなちゃんのはやあるきはやあるき』

宇部京子さく，菅野博子え

内容 はなちゃんの通う保育園では、月に一度、避難訓練があります。でも、のんびりやのはなちゃんは、いつもおくれてしまいます。そんなある日、とつぜんおおきな地震がおこったのです。保育園の子どもたちは、じっさいにおきてしまった災害に、命がけで立ち向かいます。東日本大震災で「奇跡の脱出」としてニュースになった、岩手県野田村保育所をもとにしたお話。

岩崎書店　2015.1　1冊　27cm　（いのちのえほん〔24〕）　1300円
Ⓝ726.6　Ⓘ978-4-265-00634-2

『ハナミズキのみち』

淺沼ミキ子文，黒井健絵

内容 東日本大震災で家族との思い出がつまった海に命を奪われた少年。悲しみに暮れる母に少年の祈りの声が届く。みんなが二度と悲しまないように避難路にハナミズキを植えてと。復興を願い、命のつながりを祈る絵本。

金の星社　2013.5　[32p]　31cm　1300円　Ⓝ726.6　Ⓘ978-4-323-07258-6

『ひばりに』

内田麟太郎詩，うえだまこと絵

内容 「ぼくにはことばがない　きみにかけることばがない」震災にあった子どもたちに寄せた詩が、絵本になりました。

アリス館　2021.2　[24p]　19×27cm　1300円　Ⓝ726.6
Ⓘ978-4-7520-0947-4

『ふくしまからきた子』

松本猛，松本春野作，松本春野絵

内容 原発事故後に福島から引っ越してきた女の子。公園でだいじゅ君がサッカーに誘いますが、「私、やらない」と断ります。二人の子どもの交流を通じ、原発について考える絵本。

岩崎書店　2012.4　1冊　22×25cm（えほんのぼうけん〔40〕）
1300円　Ⓝ726.6　Ⓘ978-4-265-08110-3

『ふたつの勇気　たくさんの命を救ったお医者さんの話』

山本省三文，夏目尚吾絵

内容 絵本が伝える「東日本大震災」。津波で孤立した宮城県の石巻市立病院、命を救うため立ち上がったふたりの医師。

Gakken　2013.8　24p　27×22cm1300円　Ⓝ369.31
Ⓘ978-4-05-203805-1

『ふるさとはフクシマ 子どもたちの3.11』

元気になろう福島編

内容 福島の子どもたちが、被災した体験を見つめて作文にしました。そして画家、絵本作家の方々が、作文から受けた想いを、絵に表しました。福島の子どもたちの想いを感じてください。

文研出版　2012.10　31p　22×27cm（えほんのもり）　1400円
Ⓝ369.31　Ⓘ978-4-580-82175-0

『ぼくは海になった―東日本大震災で消えた小さな命の物語』

うささく・え

内容 東日本大震災で犠牲になった動物たちの数は、正確に把握されていません。なくなった動物たちの命も、その命を想う人にとっては、等しく大切な命でした。これは、ミニチュアダックスフントのチョビと家族の物語です。

くもん出版　2014.3　39p　24cm　1300円　Ⓝ726.6
Ⓘ978-4-7743-2236-0

『ぼくはひとりぼっちじゃない』

つかさおさむさく・え

内容 ツナミにおそわれて、海辺に1本だけのこった「わらう木」。木と一緒に生き残ったポポたちは、傾いた「わらう木」を起こそうとしますがびくともしません。やがて、つっかえ棒をもったノラや、縄を持ったブータさんたちが三々五々やって来てみんなで起こそうとしていると、ゆうれいさんたちも集まってきて……。震災後の世界、魂の再生をていねいに描いた絵本。

理論社 2020.3 44p 20×22cm 1400円 Ⓝ726.6 Ⓘ978-4-652-20363-7

『ぼくはラッキー──原発被災犬とふたつの家族』

和田智子作，夏本恵子絵

内容 福島第一原発事故で家族と離ればなれになり、迷い子となった子犬のラッキー。孤独な放浪の末に巡り合ったのは、神奈川県川崎市に暮らす散歩好きの老夫婦。ふるさと福島への忘れられぬ想いを胸に、新たな家族との日々が始まった─。会津出身の著者が実話に基づいて描いた、一匹の犬とふたつの家族の物語。

東銀座出版社 2014.11 1冊 19×27cm 1111円 Ⓝ726.6 Ⓘ978-4-89469-169-8

『ぼんやきゅう』

指田和文，長谷川義史絵

内容 東日本大震災によって被災地域の人々が失ったものは、人のいのち、住まい、仕事、日々の暮らしだけではありません。「地域のつながり」もまた、そうでした。震災後の仮設住宅暮らしは地域を分断し、復興の遅れは、多くの人の離村を招きました。とぎれかけた人と人・集落のつながりを取り戻そうという動きのひとつが「盆野球」です。震災前までずっと続いていた、お盆のイベント、岩手県釜石市鵜住居地区の「盆野球」。この地区の盆野球の復活を描いたのが、この絵本です。お盆は、亡くなられた方がたを迎えるとき。復活した盆野球は、震災で亡くなったひとたちと、いまを生きているものとの交信の場でもあるのです。それぞれのひとが、大切な人と一緒に白球を追う。それが、盆野球なのです。

ポプラ社 2018.7 [40p] 28cm （ポプラ社の絵本〔56〕） 1300円 Ⓝ726.6
Ⓘ978-4-591-15904-0

『町をまもった龍木』

まつだはるか作・絵

内容 あの3.11の大震災の時、津波に立ち向かった少年松が流木となり、人びとの手によって「龍木」として再生し、復興の希望のシンボルとなった。実際にあった話をもとに絵本化。人びとに生きる希望をあたえる作品。

ストーク　2013.10　31p　19×27cm

『松の子ピノ―音になった命』

北門笙文，たいらきょうこ絵

内容 七万本の松原からたった一本、津波に耐えて残った陸前高田の一本松。一本松は震災で被害に遭われた人たちのみならず、世界中の人びとの復興への希望の象徴でした―松の子ども"ピノ"は、突然の津波で親や友達を失い、悲しみの中、孤独な毎日を送っていました。一方、バイオリン作りの名人のおじいさんは、その流された松の木でバイオリンを作ろうと思い立ちます。ピノとおじいさん、二人が出会い、そのバイオリンが奏でられるとき、奇跡がおとずれます。

小学館　2013.3　1冊　31cm　1600円　Ⓝ726.6　Ⓘ978-4-09-726504-7

『もりのきでんしゃゆうきをもって』

ナカオマサトシさく，はやしともみえ

内容 もりのきでんしゃが、地震と津波が起きた海沿いの町に、生き物たちを救いに行きます。ところが原発事故が発生。救うことができなくなります。復興を目指す町に堤防と電柱が張り巡らされても、もりのきでんしゃ「りん」の目からは涙がこぼれ続けます。その涙は・・・人類は文明という名のもと、何をしてきたのでしょう。

みらいパブリッシング　2020.2　1冊　27cm　Ⓘ978-4-434-27206-6

『ラース―福島からきた犬』

ブラザートム文・絵

内容 2011年3月下旬、福島の原発警戒区域からトムさんのもとへ一匹の犬がやってきました。かみつくし、真夜中に遠吠えするし、とても飼えたもんじゃない。でも小さな奇跡がいくつも起こって、やがてトムさんはラースと心を通わせていく。ラースのような動物たちが飼い主とともに福島に帰れる日が一日も早く来ますように……。

SDP　2012.7　1冊　27cm　1300円　Ⓝ726.6　Ⓘ978-4-903620-96-1

『ラーメンちゃん』

長谷川義史作

内容 ラララ、ラーメンちゃん。「なんとか なるとー」「ほうれんそう げんきだ そう」思わずふきだす、おもしろさ。こどもたちGO！こどもたちGO！この勢い！ まさにパワー全開。作者が宮城県石巻の子どもたちに届けた手作り絵本。

絵本館　2011.9　1冊　28cm　1200円　Ⓝ726.6　①978-4-87110-019-9

『リアスのうみべ さんてつがゆく』

宇部京子作，さいとうゆきこ絵

内容 ガッタン ゴットン ポッポー！ちっちゃいからだで みんなをはげまし、力強く走りつづける「さんてつ（三 陸鉄道）」の姿を描く、東日本大震災から10年のものがた り。

岩崎書店　2021.2　1冊　27cm　1300円　Ⓝ726.6
①978-4-265-83092-3

『私はあいちゃんのランドセル──福島原発事故の記録:ふるさとで過ごすモ ノたちのひとりごと』

菊池和子写真・文，Catherine Arai訳

内容 フクシマをより多くの人へ、より幅広い世代へ。体育館に残されたピアノ、 お母さんと隣町までしか逃げられなかった大型犬、放射能汚染ゴミの詰まった 黒い袋、見る人のいなくなったサクラたちが、誰もいなくなった淋しさのなか でつぶやくひとりごと。

遊行社　2020.3　39p　21×30cm　2000円　Ⓝ726.6　①978-4-902443-53-0

書名索引

【あ】

【た】

【な】

【は】

【や】

監修者紹介

舩木 伸江（ふなき・のぶえ）

神戸学院大学現代社会学部社会防災学科教授。

北アリゾナ大学大学院教育心理学専攻修士課程修了。京都大学大学院情報学研究科博士後期課程（単位取得退学）。阪神・淡路大震災記念 人と防災未来センターの震災資料専門員を経て、2006年に神戸学院大学へ着任。2021年4月より現職。

総務省消防庁「防災まちづくり大賞」選定委員会選定委員、防災教育チャレンジプラン実行委員会委員、兵庫県教育委員会・神戸市教育委員会学校防災アドバイザーを務める。

読んでみよう！
もしものときの防災ブックガイド
―小中学生のための500冊

2024年12月25日　第1刷発行

監　　　修／舩木伸江
発　行　者／山下浩
発　　　行／日外アソシエーツ株式会社
　　　　　　〒140-0013 東京都品川区南大井6-16-16 鈴中ビル大森アネックス
　　　　　　電話 (03)3763-5241（代表）　FAX(03)3764-0845
　　　　　　URL https://www.nichigai.co.jp/

　　　　　　組版処理／有限会社デジタル工房
　　　　　　印刷・製本／株式会社平河工業社

本書はディジタルデータでご利用いただくことができます。詳細はお問い合わせください。

読んでみよう！
教科書に出てくる名作500冊
1〜3年生／4〜6年生

栗原浩美 監修
A5・各240頁　定価各 2,970円（本体2,700円＋税10%）　2024.1刊
2011年版から2024年版までの小学校国語教科書に出てくる物語文・詩・説明文より、作品が掲載された図書情報を収録。図書館でのレファレンス業務、読書指導にも役立つ一冊。巻末に「教科書別索引」「書名索引」付き。

やさしく読める日本の名作名著2000冊
─現代語訳・抄訳・マンガ

A5・350頁　定価8,800円（本体8,000円＋税10%）　2024.11刊
「名作」「名著」といわれている作品のうち、現代語訳・口語訳、抄訳・要約版、平易な文章で書かれた簡略版、マンガ版などとして刊行されている2,300冊の図書目録。作品名や作家名からの検索では探しにくい、古代から近代までの名作・名著の「やさしく読める」図書を紹介。幅広い年代に向けたブックガイド。

ヤングアダルトの本
創作活動をささえる4000冊

A5・440頁　定価10,780円（本体9,800円＋税10%）　2024.10刊
中高生を中心とするヤングアダルト世代に薦めたい図書の書誌事項と内容情報がわかる図書目録。「文章を学ぼう」「芸術・美術を学ぼう」など探しやすい分野別構成で主に中高生向けの入門書、概説書、技法書など3,800冊を新しい順に一覧できる。

令和災害史事典 令和元年〜令和5年

A5・500頁　定価14,850円（本体13,500円＋税10%）　2024.3刊
平成31年・令和元年から令和5年までの5年間に発生した台風・地震・事故・火災などのさまざまな災害を日付順に掲載した記録事典。災害や事故の概略や具体的なデータを記載、どの時期にどんな災害が発生したかがわかる。「災害別一覧」「都道府県別一覧」付き。

データベースカンパニー
日外アソシエーツ
〒140-0013　東京都品川区南大井6-16-16
TEL.(03)3763-5241　FAX.(03)3764-0845　https://www.nichigai.co.jp/